Jean Genet DIE NEGER

Für Abdallah

Jean Genet
DIE NEGER

Clownerie
Deutsch von Peter Stein

MERLIN VERLAG

Die mit eckigen Klammern versehenen Passagen sind nur in der französischen Erstausgabe enthalten. In allen späteren Ausgaben (nach der Pariser Uraufführung) sind sie gestrichen.

Eines Abends forderte ein Schauspieler mich auf, ein Stück zu schreiben, das von Schwarzen zu spielen wäre. Aber was ist eigentlich ein Schwarzer? Und zu allererst, welche Farbe hat er?

Personen

Die Neger

VILLE DE SAINT-NAZAIRE
VILLAGE
ARCHIBALD
DIOUF
VERTU
BOBO
FÉLICITÉ
NEIGE

Der Hof

DIE KÖNIGIN
DER KAMMERDIENER
DER MISSIONAR
DER RICHTER
DER GOUVERNEUR

Wie DIE NEGER spielen?

Blin nachahmen? Das Ergebnis seiner Arbeit erreichte einen solchen Grad an Perfektion, daß jede Nachahmung einer Herabsetzung gleichkäme. Seine Inszenierung kann nur in ihrem Mut und ihrer Entschiedenheit beispielhaft sein.

Wenn Bobo Village das Gesicht mit Schuhwichse bestreicht, sollte sie das mit großer Sorgfalt tun. Sie kann schwarze, gelbe, rote und weiße Schuhwichse benutzen, um eine entsprechend wilde Bemalung zu erreichen. Sie trägt die Farben wie ein Maler auf die Leinwand auf, sie tritt dabei zurück, um die Wirkung zu begutachten. Die anderen Neger tun dies auch, wie Museumsbesucher: mit vorgerecktem Kopf...
Wenn Village mit der Stelle begonnen hat: »Ich komme herein und schiebe mich in den Raum...« benutzt Archibald die Gesten eines Dirigenten und gibt so bald dem einen, bald dem anderen das Wort.
Weiter Village. Wenn er mit der Stelle begonnen hat: »Gehen Sie! Sie besitzen heute abend den schönsten Gang im ganzen Königreich...« soll alles Licht angehen, einschließlich der Saalbeleuchtung. Die Zuschauer müssen von Licht überflutet werden. Es fällt auf seine normale Stärke zurück, wenn der Richter sagt: »Was können Sie erkennen?«
Aber Village muß dann natürlich kräftiger sprechen, ja sogar explodieren, deutlichere Gesten annehmen, um die Aufmerksamkeit, die eine Zeitlang durch das Fluten des Lichtes abgelenkt wurde, wieder auf sich zu ziehen.
Wenn das Stück einmal im Freien gespielt werden sollte, möchte ich gerne, daß der Hofstaat auf dem waagrechten (künstlich angestückten) Ast eines dicken Laubbaumes Platz nimmt. Wenn er dann unter die Neger gehen muß (in Afrika), könnte der Hofstaat in den Zweigen eines anderen Baumes (rechter Hand) erscheinen und mit Hilfe von Lianen und biegsamen Zweigen zum Boden herabsteigen.

In welchem Ton rezitieren? Nun, die französischen Tragöden, und vor allem die Tragödinnen, nachahmen. Damit zusätzlich Talent verbinden.

Keine Ausgabe des Textes soll mehr erscheinen ohne die Fotos der Aufführung am Théâtre de Lutèce (inszeniert von Blin). So wird es leichter sein, sich dem Stil zu nähern, der von uns ge-

wollt ist: das Groteske sollte überwiegen. Dennoch viel Grazie in die beiden Menuette und die Lieder legen.
Auch müßten Village und Vertu gegen Ende die Konvention der Rolle, die einzuhalten sie während des Festes gezwungen sind, verlassen und die menschlicheren Charaktere zweier Wesen zeichnen, die sich wirklich lieben.
Ich belasse in diesem Buch die Beschreibung des Bühnenbildes so, wie ich es mir vorgestellt habe, aber wenn man das dem gegenüberstellt, was André Acquart verwirklicht hat, wird man sehen, daß von seinem Bild auszugehen ist. Und von seinen Kostümen.
So ließ Roger Blin das Stück zu Ende gehen: kaum haben Vertu und Village ihre letzten Sätze gewechselt, kehren alle Schauspieler auf die Bühne zurück und beginnen nach einem afrikanischen Rhythmus zu tanzen. Ville de Saint-Nazaire benutzt das, um in der Kulisse zu verschwinden. Plötzlich folgen auf die afrikanische Musik die ersten Takte des Menuetts von Mozart. Da erscheint Ville de Saint-Nazaire in der Bühnentiefe: Er trägt mit ausgestreckten Armen den weißen, mit Blumen bedeckten Katafalk, er kommt nach vorne und schaut dabei unverschämt ins Publikum. Er durchschreitet das Spalier, das die Schauspieler bilden, um ihn durchzulassen, und setzt den Katafalk dort ab, wo er am Beginn des Stückes stehen soll. Dazu beginnen alle, da die Musik nicht aufgehört hat, das Menuett von Mozart zu tanzen. Vorhang. Diese Art das Stück zu beenden, ziehe ich vor.

Dieses Stück, ich wiederhole es, ist von einem Weißen für ein weißes Publikum geschrieben. Aber wenn der unwahrscheinliche Fall eintreten sollte, daß es vor einem schwarzen Publikum gespielt wird, müßte man für jede Vorstellung einen Weißen einladen — ganz gleich, ob männlich oder weiblich. Der Veranstalter des Theaters wird ihn feierlich begrüßen, ihn in ein zeremonielles Gewand kleiden und ihn zu seinem Platz geleiten, am besten in der ersten Orchester-Reihe Mitte. Es wird für ihn gespielt. Dieser symbolische Weiße sollte während des gesamten Abends von einem Scheinwerfer angestrahlt sein.
Und wenn kein Weißer zu dieser Vorstellung bereit ist? Dann soll man an das schwarze Publikum beim Betreten des Saales Masken von Weißen verteilen, und wenn die Schwarzen sich diesen Masken verweigern, benutze man eine Puppe.

J.G.

Der Vorhang wird aufgezogen. Nicht hochgezogen: aufgezogen.

DIE BÜHNE: *Schwarze Samtvorhänge. Rechts und links einige Stufen und Podeste verschiedener Größe und Höhe. Eins von ihnen, sehr weit hinten rechts, ist etwas höher. Ein anderes reicht bis zum Schnürboden und läuft, eher einer Galerie vergleichbar, rings um die Bühne herum. Dort wird der Hofstaat erscheinen. Ein grüner Paravent steht auf einem erhöhten Podest, kaum weniger hoch als das vorhin beschriebene. In der Bühnenmitte, direkt auf dem Boden, ein mit einem weißen Laken bedeckter Katafalk. Auf dem Katafalk Blumensträuße: Iris, Rosen, Gladiolen, Aronstab. Neben dem Katafalk steht der Kasten eines Schuhputzers. Das Licht ist Neonlicht, sehr grell.*
Wenn der Vorhang aufgezogen wird, tanzen vier Neger in Fräcken — nein, einer dieser Neger, Ville de Saint-Nazaire, sollte barfuß sein und einen Wollpullover tragen — und vier Negerinnen in Abendkleidern um den Katafalk eine Art Menuett nach einer Mozart-Melodie, die sie pfeifen und summen. Frack und weiße Krawatte bei den Herren, dazu gelbe Schuhe. Die Toiletten der Damen — stark paillettierte Abendkleider — machen den Eindruck falscher Eleganz und äußerst schlechten Geschmacks. Während sie so tanzen und singen, lösen sie Blumen von ihren Kleidern und Anzügen, um sie auf den Katafalk zu legen. Plötzlich tritt auf der Plattform oben links der Hofstaat auf.

DER HOFSTAAT: *Dabei sollte jeder Schauspieler ein maskierter Schwarzer sein; seine Maske ist das Gesicht eines Weißen und so aufgesetzt, daß man um sie herum einen breiten schwarzen Streifen sieht, ja sogar das Kraushaar.*
DIE KÖNIGIN: *Weiße und traurige Maske. Heruntergezogene Mundwinkel. Königskrone auf dem Kopf. Szepter in der Hand. Hermelin-Mantel mit Schleppe. Prächtiges Gewand. Ihr zur Rechten...*
IHR DIENER: *Manirierter Schwächling, gestreifte Weste der Kammerdiener. Serviette über dem Arm, die er wie ein Halstuch handhabt. Später wird er Ihrer Majestät damit die Tränen trocknen.*
DER GOUVERNEUR: *Großartige Uniform. Hat ein Fernglas oder ein langes Marine-Fernrohr.*

DER RICHTER: *Robe in Schwarz und Rot. Zur Linken der Königin.*
DER MISSIONAR: *Weiße Robe. Ringe. Brustkreuz. Zur Linken des Richters.*

Der Hofstaat steht in einer Reihe nebeneinander und scheint interessiert an dem Schauspiel, das die tanzenden Neger bieten, die plötzlich erstarren und den Walzer unterbrechen. Sie nähern sich der Rampe, wenden sich eine halbe Drehung zurück und begrüßen feierlich zuerst den Hofstaat, dann das Publikum. Einer von ihnen löst sich etwas von der Gruppe und beginnt zu sprechen, sich bald an das Publikum, bald an den Hofstaat wendend.
ARCHIBALD: Mesdames, Messieurs... *(Der Hofstaat bricht in ein sehr schrilles, aber sehr gut abgestimmtes Gelächter aus. Kein Lachen frei heraus. Diesem Gelächter antwortet ein gleiches, aber noch schrilleres Gelächter der Neger, die um Archibald versammelt sind. Verwirrt schweigt der Hofstaat.)*
Mein Name ist Archibald Absalom Wellington.
(Er grüßt, geht dann an seinen Gefährten vorbei und nennt sie nacheinander beim Namen.)
...Dies hier ist Monsieur Dieudonné Village.
(Der verbeugt sich.)
...Mademoiselle Adélaïde Bobo.
(Sie verbeugt sich.)
...Monsieur Edgar-Hélas Ville de Saint-Nazaire.
(Der verneigt sich.)
...Madame Augusta Neige. *(Sie bleibt aufrecht stehen.)*
...Nun...was ist, Madame. *(Zornig und donnernd)*
Verbeugen Sie sich! *(Sie bleibt aufrecht stehen.)*
Madame, ich habe gesagt, Sie sollen sich verbeugen!
(Äußerst sanft, beinahe gequält) Ich sage Ihnen, daß Sie sich verbeugen sollen, Madame, es handelt sich um ein Spiel.
(Neige verneigt sich.)
...Madame Félicité Gueuse-Pardon...
(Sie verneigt sich.)
... und Mademoiselle Diop, Étiennette-Vertu-Rose-Secrète...
Sie sehen es deutlich, Mesdames, Messieurs, Sie haben Ihr Lilienweiß und Ihr Rosenrot, wir dagegen benutzen, um Ihnen zu Diensten zu sein, unsere schöne, glänzende, schwarze Schminke.

Hier, Monsieur Dieudonné Village sammelt den Ruß, und hier, Madame Félicité Gueuse-Pardon rührt ihn mit unserem Speichel an. Hier diese Damen helfen ihr dabei. Wir machen uns schön, um Ihnen zu gefallen. Sie sind weiß. Und Zuschauer. Heute abend spielen wir für Sie...
KÖNIGIN: *(unterbricht den Sprecher)*
Bischof! Weihbischof!
MISSIONAR: *(ohne seinen Platz zu verlassen, doch sich zu ihr beugend)*
Halleluja!
KÖNIGIN: *(kläglich)* Werden sie sie wirklich töten?
(Die Neger unten brechen in dasselbe schrille und orchestierte Lachen aus wie zu Beginn. Doch Archibald heißt sie schweigen.)
ARCHIBALD: Ruhe. Sollen sie sich doch an ihrer Nostalgie berauschen. Was bleibt ihnen auch anderes übrig.
NEIGE: Ihre Schwermut, Monsieur, ist immer noch ihr Schmuck...
DIENER: Und mein Stuhl?
MISSIONAR: *(schaut um sich)* Meiner auch. Jemand hat ihn weggenommen!
DIENER: *(zum Missionar, giftig)* Wenn mein Stuhl nicht auch verschwunden wäre, hätten Sie bestimmt mich im Verdacht. Aber nun wollte ich mich setzen, und mein Stuhl ist weg. Auf meine gute Laune kann man sich ja verlassen, und auf meine Ergebenheit, wenn ich mir das Stück im Stehen ansehen muß.
KÖNIGIN: *(immer schmachtender, sehnsüchtiger)* Ich wiederhole: werden sie sie wirklich töten?
MISSIONAR: *(sehr düster)* Aber Madame... *(Pause)* Sie ist doch schon tot.
DIENER: Und das ist alles, was Sie Ihrer Herrscherin zu sagen wissen? *(Wie zu sich selbst)* Diese Welt braucht mal ein richtiges Großreinemachen.
MISSIONAR: Seit heute morgen ist die Unglückliche in mein Memento eingeschlossen. An hervorragender Stelle.
KÖNIGIN: *(Sie beugt sich vor, um Neige anzusprechen)*
Ist es wirklich wahr, Mademoiselle? Uns ist nur noch unser Weltschmerz geblieben?
Und er ist unser Schmuck?
ARCHIBALD: Und wir sind noch nicht fertig damit, Sie zu verschönern. Auch heute abend wollen wir wieder an Ihrer Schwermut arbeiten.

GOUVERNEUR: *(zeigt die Faust und macht Anstalten, herunterzusteigen)* Wenn ich euch gewähren lasse!
DIENER: *(hält ihn zurück)* Wo wollen Sie denn hin?
GOUVERNEUR: *(martialisch)* Ich sehe schwarz...und male schwarz...zermahle Schwarz...zermalme Schwarz.
(Unten zucken alle Neger in gemeinsamer Bewegung die Achseln.)
ARCHIBALD: Ruhe bitte! *(Zum Publikum)* Heute abend spielen wir für Sie. Doch damit Sie auf Ihren Plätzen auch beruhigt sitzenbleiben können, angesichts des Dramas, das sich hier schon entwickelt; damit Sie auch ganz sicher sind, daß sich solch ein Drama ja nicht etwa in Ihr kostbares Leben hineindrängelt, werden wir überdies so höflich sein — wie wir es bei Ihnen gelernt haben — und jede Kommunikation unmöglich machen. Die Distanz, die uns ursprünglich schon voneinander trennt, vergrößern wir noch durch die provokante Art, wie wir uns aufputzen, durch unsere Manieren und unsere Dreistigkeit — denn wir sind auch Schauspieler. Ist meine Rede einmal beendet, wird sich alles hier abspielen, hier! *(Er stampft in übermäßiger Wut mit dem Fuß auf, fast wie ein Pferd, und er wiehert auch wie ein Pferd.)* In dieser heiklen Welt aus Ablehnung, Mißfallen und Verdammnis. Wenn wir einmal alle Bande durchschneiden, mag sich ein ganzer Kontinent verschieben, mag Afrika versinken oder auf und davon fliegen...
(Seit einiger Zeit liest der Gouverneur leise vor sich hin, nachdem er ein Stück Papier aus der Tasche geholt hatte.)
KÖNIGIN: Auf und davon fliegen? Soll das eine Metapher sein?
GOUVERNEUR: *(liest mit immer lauterer Stimme)* «...Wenn ich jetzt falle, heimtückisch durchbohrt von euren Assagais, macht gut die Augen auf, denn ihr werdet meine Himmelfahrt erleben. *(Mit donnernder Stimme)* Mein Leichnam liegt zwar zu Boden gestürzt, doch meine Seele und mein Leib entschweben in die Lüfte...»
DIENER: *(zuckt die Achseln)* Lernen Sie Ihren Text doch hinter der Bühne. Und was den letzten Satz angeht, so wäre es ganz falsch, ihn im Proklamationston abzuschießen.
GOUVERNEUR: *(sich zum Diener wendend)* Ich weiß, was ich tue. *(Er liest weiter)* «Ihr werdet mich sehen und sterben vor Angst. Erst werdet ihr bleich. Dann fallt ihr zu Boden und seid tot ...» *(Dann faltet er das Papier und steckt es ostentativ in seine Tasche.)*

Dies nur ein kleiner Beitrag, damit sie wissen: Wir wissen Bescheid. Wir wissen, daß wir hier unserer eigenen Leichenfeier beiwohnen. Sie bilden sich ein, sie zwingen uns dazu, dabei ist es nur die uns eigene Lebensart, die uns dazu bringen wird, in den Tod hinabzusteigen. Unser Selbstmord...
KÖNIGIN: *(den Gouverneur mit ihrem Fächer berührend)*
...Die Vorbereitungen dazu sind schon im Gange, also lassen Sie diesen Neger doch ausreden; schaun Sie nur: sein armer Mund, wie er weit aufgerissen gähnt, und diese Fliegenschwärme, die aus ihm aufsteigen... *(sie beugt sich vor, schaut genauer hin)* oder in ihn hineinstürzen.
(Zu Archibald) Mach weiter.
ARCHIBALD: *(nachdem er die Königin gegrüßt hat)* ...versinken oder auf und davon fliegen. *(Der Hofstaat schützt sich das Gesicht, als käme ein Vogel in seine Richtung geflogen.)* Hauptsache, Afrika bricht endlich auf! *(Pause)* Außerhalb dieser Bühne sind wir ein Bestandteil ihres Alltags: ich bin Koch, Madame hier ist Wäscherin, Monsieur studiert Medizin, hier dieser Herr ist Vikar von Sainte Clothilde, Madame hier ist... nun, reden wir nicht darüber.
Heute abend haben wir nur Ihre Unterhaltung im Sinn: also haben wir eine Weiße getötet. Dort ist sie.
(Er zeigt auf den Katafalk. Der ganze Hofstaat wischt sich mit einer sehr deutlichen, theatralischen Geste eine Träne ab und stößt einen langen Schmerzens-Seufzer aus, dem das äusserst schrille und perfekt orchestrierte Gelächter der Neger antwortet.)
...Nur wir waren fähig, es so zu tun, wie wir es getan haben, so wild, so bestialisch. Und jetzt aufgepaßt... *(Er tritt einen Schritt zurück)* Achtung... halt, ich vergaß, wir sind natürlich Diebe, also haben wir versucht, Ihre schöne Sprache zu stehlen, und natürlich auch Lügner, folglich stimmen die Namen nicht. Aufgepaßt!
(Er tritt zurück, aber die anderen Schauspieler hören nicht mehr auf ihn. Madame Félicité, eine imposante 60jährige Negerin, ist auf das letzte Podest hinten rechts gestiegen, wo sie sich, dem Hofstaat gegenüber, in einen Sessel setzt.)
BOBO: Die Blumen! Rühren Sie die Blumen nicht an!
NEIGE: *(nimmt eine Iris und steckt sie sich an ihre Bluse)*
Gehören sie Ihnen oder der Ermordeten?
BOBO: Sie gehören zum Spiel. Und darin ist nicht vorgesehen, daß Sie sich mit Blumen schmücken. Legen Sie die Iris wieder hin. Oder die Rose? Oder die Tulpe?

ARCHIBALD: Bobo hat vollkommen Recht. Wenn Sie unbedingt schöner sein wollen, bitte, es ist noch Schuhcreme da.
NEIGE: Gut. Dann eben so. *(Sie beißt die Blume ab und spuckt sie aus.)*
ARCHIBALD: Keine unnötigen Grausamkeiten, Neige. Und machen Sie keinen Dreck hier.
(Neige nimmt die Blume vom Boden und ißt sie auf. Archibald geht auf Neige zu, die sich hinter dem Katafalk versteckt. Dort erwischt sie Village und führt sie zu Archibald, der sie abkanzeln will.)
NEIGE: *(zu Village)* Schon der reinste Bulle!
ARCHIBALD: *(zu Neige)* Ihr Benehmen ist das eines verzogenen Kindes und gehört nicht zum Ritus.
(Während alle anderen Neger still stehen und zuhören, wendet er sich zu Ville de Saint-Nazaire.)
Und Sie, Monsieur, sind hier überflüssig. Alles, was geheim ist, hat zu verduften. Gehen Sie, so gehen Sie schon, und sagen Sie den anderen Bescheid. Sagen Sie ihnen nur, wir haben angefangen und daß sie ihre Arbeit tun sollen, so wie wir hier die unsere. Alles vollzieht sich wie gewöhnlich. Will ich hoffen. *(Ville de Saint-Nazaire verneigt sich und will nach rechts abgehen, aber Village verhindert das.)*
VILLAGE: Nicht da entlang, Sie Unglücksrabe. Man hat Ihnen doch gesagt, Sie sollen nicht mehr hierherkommen, Sie verpfuschen alles.
VILLE DE SAINT-NAZAIRE: Das Böse...
ARCHIBALD: *(ihn unterbrechend)* Das kommt später. Los, gehen Sie ab. *(Ville de Saint-Nazaire geht nach links ab.)*
NEIGE: *(die Iris ausspuckend)* Am Anfang geht es immer gegen mich.
BOBO: Sie bringen Ihr Temperament, Ihre Wut, Ihre privaten Launen und Ihre Indispositionen ins Spiel, und dazu haben Sie kein Recht.
NEIGE: Ich habe ein ganz besonderes Urheberrecht an dieser Geschichte, denn ohne mich...
ARCHIBALD: Sie haben nicht mehr und nicht weniger getan als die anderen auch.
NEIGE: Auch mein Temperament, meine Wut, meine privaten Launen und meine Indispositionen sind etwas ganz Besonderes, und kommen euch sehr gelegen. Denn ohne meine Eifersucht auf Sie, Village...
VILLAGE: *(sie unterbrechend)* Das ist hinreichend bekannt. Sie haben es oft genug wiederholt. Schon lange vor ihrem Tod

(er zeigt mit dem Finger auf den Katafalk) trugen Sie einen tödlichen Haß gegen sie im Herzen. Nun sollte ihr Tod aber nicht nur bedeuten, daß sie das Leben verliert. Alle haben wir ihn doch zärtlich ausgebrütet, aber nicht aus Liebe. *(Langer tiefer Seufzer des Hofstaates.)*

NEIGE: Tatsächlich? Dann kann ich Ihnen nur sagen, allen möchte ich heute abend sagen: ich brenne schon so lange und in so glühendem Haß, daß ich ganz zu Asche geworden bin.

DIOUF: Und was ist mit uns? Woraus bestehen wir?

NEIGE: Kein Vergleich, Messieurs. In Ihren Haß auf sie hatte sich ein wenig Begierde eingeschlichen, also doch Liebe. Aber ich, aber sie hier *(sie zeigt auf die anderen Frauen),* aber wir, die Negerinnen, hatten nur unsere Wut und unsere Raserei. Bei ihrer Ermordung war in uns nicht die geringste Angst, nicht die geringste Furcht, aber auch keine Zärtlichkeit. Wir waren leer und fühllos, Messieurs, ausgetrocknet wie die Brüste der alten Bambara-Damen. *(Die Königin bricht in Gelächter aus. Der Missionar macht ihr Zeichen zu schweigen. Die Königin beruhigt sich langsam und hält ihr Taschentuch vor den Mund.)*

ARCHIBALD: *(streng)* Die Tragik wird in der schwarzen Farbe liegen. In sie habt ihr euch zu verlieben. Zu ihr werdet ihr zurückkehren, sie wird der Preis sein, den ihr verdient. Sie ist es, die wiedergewonnen werden will.

NEIGE: *(ekstatisch)* Meine Farbe! Sie haben mir aus dem Herzen gesprochen. Doch Sie, Village, wohin gingen Sie denn auf dem Gang zu ihr? *(Sie zeigt auf den Katafalk)*

VILLAGE: Fangen Sie schon wieder an mit Ihren lächerlichen Verdächtigungen? Sie wollen meine Demütigungen vor ihr im Einzelnen, ja? Wollen Sie das? Sagen Sie, wollen Sie das?

ALLE: *(in einem schrecklichen Schrei)* Ja!

VILLAGE: Ihr habt zu rasch und zu laut gebrüllt, Neger. *(Er atmet tief durch.)* Heute abend wird etwas ganz Neues geschehen.

ARCHIBALD: Sie haben kein Recht, auch nur das Geringste am Zeremoniell zu verändern, außer natürlich, Sie entdecken irgend ein grausames Detail, das die Wirkung seines Ablaufs steigern könnte.

VILLAGE: Jedenfalls kann ich euch hinhalten und lange auf den Mord warten lassen.

ARCHIBALD: Sie haben mir zu gehorchen. Und dem Text, den wir erarbeitet haben.

VILLAGE: *(hinterhältig)* Aber es steht mir frei, schnell oder langsam zu sein beim Sprechen meines Textes oder in meinem Spiel. Ich kann mich doch in Zeitlupe bewegen? Kann ich nicht die Seufzer mehrfach wiederholen oder sie in die Länge ziehen?
KÖNIGIN: *(amüsiert)* Er ist hinreißend! Weiter so, junger Mann!
RICHTER: Also wirklich, Ihre Majestät sind von einer Leichtfertigkeit!
DIENER: Mir mißfällt er ganz und gar nicht. *(Zu Village)* Wiederholen Sie nur die Seufzer, ziehen Sie sie in die Länge, Sie charmantes Negerlein!
GOUVERNEUR: *(zum Diener)* Genug! Sagen Sie uns lieber, wie der Kautschuk steht.
DIENER: *(in strammer Haltung und in einem Zug)* Hévéas 4500. *(Der ganze Hofstaat verzieht das Gesicht.)*
GOUVERNEUR: Gold?
DIENER: Oubangui Oriental 1580. Saint-Elie-à-Dieu-Vat 1050. Macupia 2002. M'Zaïta 20 008. *(Der ganze Hofstaat reibt sich die Hände.)*
VILLAGE: *(fährt fort)* ...wiederholen oder sie in die Länge ziehen, mitten in einem Satz eine Pause machen, oder in einem Wort, das kann ich doch? Übrigens bin ich müde. Sie vergessen, ich bin fix und fertig von dem Verbrechen, das ich schon vor Ihrer Ankunft hier begehen mußte, weil Sie ja für jede Vorstellung eine frische Leiche brauchen.
KÖNIGIN: *(schreiend)* Ah!
RICHTER: *(wild)* Ich habe Sie gewarnt.
DIENER: *(sehr maniriert)* Keine Vorverurteilungen bitte, hören Sie ihnen doch zu. Sie haben eine auserlesene, köstliche Spontaneität, ihre Schönheit ist so fremdartig, das höhere Gewicht ihres Fleisches...
GOUVERNEUR: Halten Sie den Mund, Sie kaputter Bengel. Sie sind ja nicht mehr zu retten mit Ihrem Exotik-Fimmel.
DIOUF: *(zu Archibald)* Es ist doch in der Tat so, daß wir denselben Toten mehrmals benutzen könnten. Worauf es ankommt, ist doch, daß er hier unter uns anwesend ist.
ARCHIBALD: Und der Geruch, Herr Generalvikar?
BOBO: *(zu Archibald)* Seit wann haben Sie Angst vor Gestank? Er steigt doch auf aus meiner afrikanischen Erde. Ich, Bobo, will über seine dichten Schwaden meine Schleppe ziehen! O Aasgeruch, trage mich empor und reiß mich mit dir fort! *(Zum Hofstaat)* Und du bleiche, du geruchlose Rasse, bar aller animalischen Gerüche, unbeleckt vom Pesthauch unserer Sümpfe...

ARCHIBALD: *(zu Bobo)* Lassen Sie Vertu sprechen.
VERTU: *(mit Besonnenheit)* Wir müssen trotzdem vorsichtig sein. Die Gefahr wird täglich größer. Nicht nur für Village, sondern für jeden Jäger, egal wer es ist.
NEIGE: Umso besser. Dann widmen wir eben unsere Irrsinnstaten einem ganz speziell für uns einberufenen Schwurgericht. Das ist es ja, wofür wir heute abend arbeiten.
ARCHIBALD: Genug. *(zu Village)* Also, Village, es hat auch diesmal keine Anzeichen von Gefahr gegeben? Ist alles gut gegangen? Wo haben Sie sie gefunden?
VILLAGE: Das habe ich Ihnen doch schon vorhin beim Auftritt erzählt. Monsieur Hérode Aventure und ich sind direkt nach dem Abendessen die Quais entlang gegangen. Es war ziemlich mild. Kurz vor der Auffahrt zur Brücke hockte — oder lag — auf einem Haufen Lumpen eine alte Bettlerin. Aber das habe ich Ihnen doch alles schon erzählt...
BOBO: Sie kann sich glücklich schätzen, diese Bettlerin. Sie wird ein festliches Begräbnis erhalten.
ARCHIBALD: *(zu Village)* Sprich schon weiter. Hat sie geschrien?
VILLAGE: Überhaupt nicht. Hatte keine Zeit dazu. Monsieur Hérode Aventure und ich sind direkt auf sie losgegangen. Sie blinzelte: war halb aufgewacht. In der Schwärze...
BOBO und NEIGE: *(lachend)* Ah! In der Schwärze!
VILLAGE: In der Schwärze der Nacht muß sie uns für Polizisten gehalten haben. Sie stank nach Wein, wie alle, die man auf die Quais geschmissen hat. Sie sagte: «Ich habe nichts getan...»
ARCHIBALD: Und dann?
VILLAGE: Wie immer. Ich habe mich gebückt. Mit beiden Händen habe ich sie gewürgt, während Monsieur Hérode Aventure ihre Hände hielt. Sie hat sich ein bißchen steif gemacht... schließlich bekam sie, was man einen Spasmus nennt, und das war alles. Etwas angeekelt von der Fresse der Alten, vom Wein- und Uringeruch, von all dem Dreck, hat Monsieur Hérode Aventure fast gekotzt. Aber er hat sich schnell wieder gefangen. Wir haben sie zu unserem Cadillac geschleppt und in einer Kiste hierher gebracht. *(Schweigen.)*
NEIGE: Und was ist mit diesem Gestank, der mit unserem nichts zu tun hat... *(Village holt eine Zigarette aus seiner Tasche.)*
BOBO: Sie haben Recht, rauchen wir. *(Die Neger scheinen unentschlossen.)*
ARCHIBALD: Also, qualmen wir eine. Räuchern wir sie ein. *(Alle Neger holen eine Zigarette hervor, geben einander Feuer,*

wobei sie sich förmlich bedanken, dann stellen sie sich in einen Kreis und blasen den Rauch auf den Katafalk. Sie summen mit geschlossenem Mund einen Singsang, der folgendermaßen beginnt: «Ich liebte meine weißen Schafe...» Während des Singsangs wird der Hofstaat unruhig.)
GOUVERNEUR: *(zum Diener)* Da, sie räuchern sie ein. Wie einen Bienenkorb, wie einen Hornissenschwarm, wie ein verwanztes Bettgestell, sie räuchern sie aus wie einen Fuchsbau, wie ein Rebellennest... und das mit unserer Toten! Sie werden sie kochen und auffressen! Man soll ihnen die Streichhölzer abnehmen. *(Der ganze Hofstaat kniet vor der Königin nieder, und der Diener trocknet ihr mit einem Wischtuch die Augen.)*
MISSIONAR: Lasset uns beten, Madame. *(Zu den anderen)* Auf die Knie vor dieser erhabenen Schwermut.
KÖNIGIN: Ahaaha!
MISSIONAR: Kopf hoch, Gottvertrauen, Majestät! Gott ist weiß.
DIENER: Sie scheinen Ihrer Sache ja ziemlich sicher zu sein...
MISSIONAR: Hätte er sonst, Sie junger Weichling, hätte er sonst das griechische Wunder sich ereignen lassen? Seit zweitausend Jahren ist Gott weiß, er ißt von einer weißen Decke, er wischt sich seinen weißen Mund mit einem weißen Tuch, er sticht mit einer weißen Gabel in das weiße Fleisch. *(Pause)* Er sieht zu, wie der Schnee fällt.
ARCHIBALD: *(zu Village)* Erzähle ihnen, wie es weiter ging. Auf dem Weg hierher keine Probleme?
VILLAGE: Nichts. Und dann hatte ich ja auch noch das da. *(Er zeigt, nachdem er das Schloß geräuschvoll betätigt hat, einen Revolver und legt ihn auf den Schuhputzkasten, wo er liegenbleiben wird.)*
VERTU: *(immer noch sehr ruhig)* Aber glauben Sie wirklich, daß das mit diesen Leichen noch lange so weitergehen kann, die man im Morgengrauen — sogar am hellichten Tag — an abscheulichen Plätzen und gräßlich zugerichtet entdeckt? Eines Tages fliegt doch alles auf. Man muß auch mit einem möglichen Verrat rechnen.
NEIGE: Was wollen Sie damit sagen?
VERTU: Daß ein Neger fähig ist, einen anderen zu verkaufen.
NEIGE: Sprechen Sie lieber für sich selbst, Madame.
VERTU: Ich sehe doch, was in meiner Seele vorgeht und was ich die Weiße Versuchung nennen möchte...
GOUVERNEUR: *(siegesgewiß)* Ich habe es doch gewußt. Früher oder später sind sie soweit. Man braucht nur einen Preis auszusetzen.

KÖNIGIN: Ich biete meinen Schmuck! Ich habe Keller voller Truhen voller Perlen, die sie selbst aus ihren rätselhaften Meeren fischten, Diamanten, Gold und Münzen, ausgegraben aus den Tiefen ihrer Bergwerke, ich gebe sie hin, ich werfe sie weg...

DIENER: Und was ist mit mir?

KÖNIGIN: Ihnen bleibt Ihre Königin, Sie Schuft. Gealtert, zerlumpt, aber würdig. Und groß.

ARCHIBALD: *(zur Königin)* Lassen Sie uns weitermachen.

RICHTER: *(zu Archibald)* Sie trödeln doch dauernd herum. Sie haben uns die Darstellung des Verbrechens versprochen, um sich so Ihre Verurteilung zu verdienen. Die Königin wartet. Also, beeilen Sie sich.

ARCHIBALD: *(zum Richter)* Niemand strengt sich an. Außer Vertu.

RICHTER: Also gut, dann lassen Sie Vertu loslegen, lassen Sie Village loslegen.

VILLAGE: *(in panischer Angst)* Neger, der Augenblick des grossen Deklamierens ist noch nicht gekommen. Ich sage euch nur so viel, diese Frau war weiß und nahm unseren Geruch zum Vorwand, vor mir davon zu laufen. Vor mir davon zu laufen, denn mich zu jagen, hat sie nicht gewagt. Ah, das waren wunderbare Zeiten, als man noch den Neger und die Antilope jagte! Mein Vater hat mir erzählt...

ARCHIBALD: *(ihn unterbrechend)* Ihr Vater? Benutzen Sie dieses Wort nicht. Wenn Sie es aussprechen, Monsieur, kommt so etwas wie Zartgefühl in Ihre Stimme.

VILLAGE: Und wie soll ich Ihrer Meinung nach das männliche Wesen nennen, das die Negerin, die mich gebar, geschwängert hat?

ARCHIBALD: Das ist mir egal. Tun Sie, was Sie können. Erfinden Sie, wenn nicht Worte, dann Sätze, die trennen und nicht verbinden. Erfinden Sie nicht Liebe, sondern Haß. Verlegen Sie sich doch auf Poesie, dies ist nun einmal die einzige Domäne, die auszubeuten uns gestattet ist. Zu ihrem Vergnügen? *(Er zeigt ins Publikum.)* Wir werden ja sehen. Übrigens haben Sie sehr gut daran getan, unseren Geruch ins Spiel zu bringen — unsere Witterung, durch die uns ihre Dreckskötter immer wiederfanden im Busch — auch Sie waren da auf der richtigen Fährte. Schnüffeln Sie weiter. Und sagen Sie, daß «sie» *(er zeigt auf den Katafalk)* gewußt hat, daß wir stinken. Fahren Sie fort, zeigen Sie Fingerspitzengefühl. Seien Sie geschickt, und wählen Sie nur aus, was Grund sein kann

für Haß. Vermeiden Sie, unsere Wildheit und Bestialität zu sehr herauszustreichen. Hüten Sie sich auch, sich als Raubtier darzustellen; Sie würden nicht ihre Achtung gewinnen, sondern nur ihre Begehrlichkeit reizen. Sie haben sie also ermordet. Dann wollen wir anfangen...
VILLAGE: Einen Augenblick. Wodurch könnte ich denn das Wort «Vater» ersetzen?
ARCHIBALD: Ihre Umschreibung dürfte absolut annehmbar sein.
VILLAGE: Sie ist aber ziemlich lang.
ARCHIBALD: Gerade durch Verlängerung und Dehnung müssen wir die Sprache so verformen, daß wir uns mit ihr umhüllen und uns in ihr verstecken können: nur die Herren und Meister gehen mit Verkürzungen zu Werke.
BOBO: Im allgemeinen bin ich kurz.
ARCHIBALD: Im allgemeinen sind Sie nur darauf aus, zuzuschauen, wie die anderen sich unter ihren Worten verstecken. Aber genau wie wir, liebe Bobo, genießen Sie den Ohrenschmaus dieser Zungenfertigkeiten, die sich wie Schlinggewächse blumenreich und überladen um die Stützen dieser Welt ranken. Wir müssen sie verführen: von den Fußsohlen bis zu den Ohren wandert unsere rosa Zunge, der einzige Teil an uns, der an eine Blume erinnert, kundig und behutsam umkreist sie unsere schönen Teilnahmslosen. Ist der Satz so annehmbar?
VILLAGE: Meinen Sie Ihren?
ARCHIBALD: Idiot, Ihren natürlich... «den Neger, der die Negerin geschwängert hat» und so weiter. Alle stimmen also zu, ja? Nur Neige zeigt sich noch widerspenstig?
NEIGE: *(sehr gehässig)* Wenn ich sicher sein könnte, daß Village diese Frau umgelegt hat, um mit noch heftigerem Nachdruck ein Neger zu sein, ein narbiger, stinkender, wulstlippiger, plattnasiger Neger, ein Vielfraß, Gierschlund, Weißenfresser und Allesfresser, sabbernd, schwitzend, rülpsend, spuckend, Böcke fickend, hustend, furzend, weiße Füße leckend, stinkfaul, krank, von Öl und Schweiß triefend, schlaff, kriecherisch und servil, wenn ich sicher sein könnte, daß er sie getötet hat, um mit der Nacht zu verschmelzen... Aber ich weiß genau, er hat sie geliebt.
VERTU: Nein!
VILLAGE: Nein!
NEIGE: *(zu Vertu)* Sie meinen also, Sie würden von ihm geliebt, ausgerechnet Sie kriecherische, servile Negerin?
ARCHIBALD: *(streng)* Neige!

19

NEIGE: *(zu Vertu)* Erröten, rot werden, vor Erregung, vor Verwirrung, süße Worte, die sich auf uns nie werden anwenden lassen, sonst könntet ihr sehen, wie aus allen Rohren der Purpur Vertu in die Wangen steigt.
VERTU: Ich?
BOBO: Irgendwer.
(Währenddessen befinden sich alle Neger auf der rechten Bühnenhälfte gruppiert. Sie schweigen. Da tritt Ville de Saint-Nazaire aus der Kulisse auf. Er kommt langsam näher.)
ARCHIBALD: *(auf Ville de Saint-Nazaire zugehend)* Was ist? Gibt es schon etwas?
VILLE DE SAINT-NAZAIRE: Er ist da. Man hat ihn in Handschellen herbeigeschafft. *(Alle Neger versammeln sich um Ville de Saint-Nazaire.)*
NEIGE: Und was macht ihr jetzt?
VILLE DE SAINT-NAZAIRE: *(bückt sich und nimmt den Revolver, der auf dem Schuhputzkasten gelegen hat)* Zuerst wird er verhört...
ARCHIBALD: *(ihn unterbrechend)* Sagen Sie nur das Nötigste, man belauscht uns. *(Alle heben die Köpfe und schauen zum Hofstaat hoch.)*
RICHTER: *(schreiend)* Weil ihr verkleidet seid wie dressierte Hunde, bildet ihr euch ein, sprechen zu können, und schon erfindet ihr Rätsel...
VILLAGE: *(zum Richter)* Eines Tages...
ARCHIBALD: *(ihn unterbrechend)* Laß ihn. Im Zorn wirst du dich und uns verraten. *(Zu Ville de Saint-Nazaire)* Hat er irgend etwas zu seiner Rechtfertigung vorgebracht? Nichts?
VILLE DE SAINT-NAZAIRE: Nichts.
Soll ich gehen?
ARCHIBALD: Wenn das Gericht zusammengetreten ist, komm zurück und gib uns Bescheid. *(Ville de Saint-Nazaire löst sich von der Gruppe und will gerade abgehen.)*
DIOUF: *(schüchtern)* Legen Sie wirklich großen Wert darauf, diesen Gegenstand da mitzunehmen? *(Er zeigt auf den Revolver, den Ville de Saint-Nazaire in der Hand hält.)*
ARCHIBALD: *(zu Diouf, heftig)* Einmal mehr möchte ich, daß Sie Bescheid wissen: Sie verschwenden Ihre Zeit. Ihre Argumente sind bekannt. Sie werden uns wieder von Vernunft, von Aussöhnung sprechen, und wir werden stur auf der Unvernunft, auf der Ablehnung beharren! Sie werden von Liebe reden. Tun Sie es nur, unsere Repliken sind ja im Text fest-

gelegt. *(Alle außer Diouf und Ville de Saint-Nazaire lachen ein orchestriertes Lachen.)*
VILLE DE SAINT-NAZAIRE: Es ist ein Fehler von Ihnen, ihm nicht zuzuhören...
ARCHIBALD: *(gebieterisch)* Machen Sie, daß Sie wegkommen! Nehmen Sie den Revolver mit und tun Sie Ihre Pflicht.
VILLE DE SAINT-NAZAIRE: Aber...
VILLAGE: *(eingreifend)* Kein Aber! Du sollst Monsieur Wellington gehorchen! *(Resigniert will Ville de Saint-Nazaire nach rechts abgehen, aber Village tritt dazwischen.)* Nicht da entlang, Unglücksrabe! *(Ville de Saint-Nazaire geht links ab.)*
BOBO: Sie haben ums Wort gebeten, Herr Kanonikus. Bitte!
DIOUF: *(mit Anstrengung)* Alles an mir scheint Ihnen lächerlich, ich weiß das...
ARCHIBALD: Vergessen Sie eines nicht: wir müssen uns ihre Mißbilligung verdienen und sie dazu bringen, das Urteil auszusprechen, das uns verdammt... Ich wiederhole es Ihnen, unser Verbrechen ist ihnen bekannt...
DIOUF: Lassen Sie mich ihnen trotzdem ein Abkommen vorschlagen, eine Vereinbarung, ein Übereinkommen...
ARCHIBALD: *(gereizt)* Reden Sie nur, wenn Sie wollen, Monsieur Diouf, doch wir werden uns bemühen, mit geschlossenen Augen, zugenähtem Mund und leerem Gesicht wie die Wüste zu sein. Also, schließen wir uns ab...
DIOUF: *(erregt)* Messieurs, Messieurs, Mesdames, gehen Sie doch nicht weg!
ARCHIBALD: *(unerbittlich)* Schließen wir uns ab, löschen wir uns aus, und Sie können reden.
DIOUF: Aber wer soll mir dann zuhören? *(Der Hofstaat bricht in Gelächter aus.)* Sie? Das ist doch nicht möglich! *(Er will zu den Negern sprechen, aber die haben Augen und Mund geschlossen und halten sich mit den Händen die Ohren zu.)* Sehen Sie, Messieurs, meine Freunde, eine frische Leiche brauchen wir doch gar nicht. Ich möchte mir wünschen, daß die Zeremonie uns ganz ergreift, doch daß sie uns nicht mit Haß erfüllt...
DIE NEGER: *(ironisch und mit tieftrauriger Stimme)* ...sondern mit Liebe!
DIOUF: Wenn möglich ja, Mesdames, Messieurs.
MISSIONAR: Euch erfüllt vor allem mit Liebe zu uns.
DIENER: Meinen Sie das im Ernst, Exzellenz?
RICHTER: Wir werden die Güte haben, Sie anzuhören.
GOUVERNEUR: Doch wenn diese Orgie erstmal vorüber ist, dann...

DIOUF: *(macht mit der Hand eine beschwichtigende Geste)* Darf ich mich genauer erklären? Ich würde mir wünschen, daß sich dieses scheinhafte Spiel so vollzieht, daß sich in unseren Herzen tatsächlich ein Gleichgewicht wiederherstellt; was zwar unser Elend verlängert — wenn es sich aber in so harmonischer Weise entfaltet, wie ich es mir wünsche, werden sie *(er zeigt ins Publikum)* in diesem Spiel nur noch Schönheit wahrnehmen und uns in ihr erkennen; und so bewege Schönheit sie zur Liebe. *(Langes Schweigen.)*
BOBO: *(langsam die Augen öffnend)* Die Durchquerung der Wüste war lang und entbehrungsreich. Keine Oase zu sehen weit und breit. Da haben Sie sich wohl, armer Diouf, die Adern geöffnet, um wenigstens etwas Blut zu trinken!
MISSIONAR: *(nachdem er sich geräuspert hat)* Sagen Sie, mein lieber Vikar, was ist mit der Hostie? Ja, die Hostie? Wollen Sie eine schwarze Hostie erfinden? Und woraus soll sie bestehen? Aus Lebkuchen, sagen Sie? Der ist aber braun.
DIOUF: Wissen Sie, Exzellenz, wir haben tausenderlei Ingredienzien: wir färben sie ein, eine graue Hostie...
GOUVERNEUR: *(sich einmischend)* Wenn Sie die graue Hostie zulassen, sind Sie verloren; Sie werden es sehen, das zieht nur neue Kompromisse nach sich, neue Absonderlichkeiten.
DIOUF: *(kläglich)* Auf einer Seite weiß, auf der anderen schwarz vielleicht?
DIENER: *(zu Diouf)* Hätten Sie wohl die Güte, mir eine Auskunft zu geben? Schließlich habe ich mich zu einer verständnisvollen Haltung entschlossen. Wo ist der Neger mit seinem Colt eben hingegangen?
ARCHIBALD: In die Kulisse. *(zu Diouf)* Und Sie halten den Mund. Wirklich, man könnte meinen, Sie wollten uns lächerlich machen.
DIOUF: *(zu Archibald)* Ich bitte um Entschuldigung, Monsieur. Genau wie Sie möchte ich den Wert meiner Farbe betonen und verherrlichen. Auf meinem Kopf hat sich, wie auf Ihrem auch, leicht und unerträglich die Güte der Weißen niedergelassen und festgesetzt. Auf meiner rechten Schulter ihre Intelligenz, auf meiner linken ein ganzer Schwarm Tugenden. Manchmal öffne ich meine Hand und entdecke, wie sich dort ihre Nächstenliebe kuschelt. In meiner Neger-Einsamkeit brauche ich genau wie Sie die Verherrlichung meiner erlesenen Bestialität, aber ich bin alt und meine...
BOBO: Wer verlangt das denn von Ihnen? Was wir brauchen, ist: Haß. Aus ihm werden unsere Ideen geboren.

DIOUF: *(ironisch)* Sie sind eine Technikerin, Bobo, aber es ist nicht leicht, sich von der sträflichen Sanftmut zu lösen, nach der das Herz verlangt. Ich habe zu viel Schändlichkeit kennengelernt, um mir nicht auch zu wünschen, ihre prunksüchtigen Seelen mögen verfaulen und untergehen, aber...

ARCHIBALD: Kein Aber, oder Sie verlassen die Bühne! Meine Wut ist nicht gespielt.

DIOUF: Ich bitte dich...

ARCHIBALD: Duzen Sie mich nicht. Nicht hier. Wir müssen die Höflichkeit so weit treiben, daß sie zu einer monströsen Belastung wird. Auch sie soll erschreckend wirken. Wir haben Zuschauer, die uns beobachten. Wenn Sie glauben, hier unter uns die banalste ihrer Ideen vorbringen zu müssen, und das nicht einmal in karikierender Absicht, dann machen Sie, daß Sie wegkommen. Hauen Sie ab!

BOBO: Das würde ihm in den Kram passen, denn heute ist er an der Reihe.

VILLAGE: Lassen Sie ihn doch weiterreden. Der Klang seiner Stimme rührt mich.

NEIGE: Bravo! Darauf, daß Sie sich einmischen, habe ich gewartet. Denn auch Sie haben Angst vor dem, was jetzt kommt. Wahrscheinlich, weil die Handlung Sie eine Zeitlang von Vertu trennen wird.

GOUVERNEUR: *(plötzlich)* Man hat Ihnen doch gesagt: lassen Sie Village loslegen, lassen Sie Vertu loslegen!

(Die Neger sehen sich einen Augenblick verwirrt an, dann fügen sie sich.)

VILLAGE: *(zu Vertu, indem er mit einem gewaltigen Seufzer vor ihr auf die Knie sinkt)* Madame, was ich für Sie empfinde, ist mit dem, was man Liebe nennt, nicht zu vergleichen. Was in mir vorgeht, ist sehr geheimnisvoll und meine Farbe weiß sich darüber keine Rechenschaft zu geben. Als ich Sie sah...

ARCHIBALD: Vorsicht, Village, bringen Sie nicht Ihr Leben ausserhalb dieser Bühne ins Spiel.

VILLAGE: *(ein Knie auf der Erde)* Als ich Sie sah, gingen Sie auf hohen Absätzen im Regen spazieren. Sie trugen ein Kleid aus schwarzer Seide, schwarze Strümpfe, einen schwarzen Regenschirm und Lackschuhe. Oh, wäre ich doch nicht als Sklave geboren! Dann hätte mich eine seltsame Erregung überwältigt, aber wir, Sie und ich, bewegten uns ja neben der Welt, an ihrem Rand. Wir waren der Schatten, die Abseite der leuchtenden Gestalten... Als ich Sie sah, hatte ich plötzlich, ich glaube eine Sekunde lang, die Kraft, alles aus-

ser Ihnen zu verleugnen und über diese Illusion zu lachen, aber leider sind meine Schultern recht zerbrechlich. Ich konnte die Verdammung durch die Welt nicht ertragen. Und so begann ich Sie zu hassen, als alles an Ihnen mich die Liebe ahnen ließ, und mich ahnen ließ, daß diese Liebe mir die Verachtung der Menschen unerträglich gemacht hätte und diese Verachtung mir unerträglich meine Liebe für Sie. Genauer gesagt, ich hasse Sie.
(Doch seit einiger Zeit scheint der Hofstaat in Bewegung zu geraten. Der Diener schreit, offenbar lautlos, irgendwelche Worte dem Gouverneur ins Ohr, der in seine Richtung die Hand zum Trichter geformt hat.)
ARCHIBALD: *(zum Hofstaat)* Ich darf Sie doch bitten!
DIENER: *(schreiend)* M'Zaïta 20 010!
GOUVERNEUR: Kaffee?
DIENER: *(während der Hofstaat sehr gespannt darauf ist, was er sagt)* Arabica extra-prima 608 - 627. Robusta 327 - 327. Kouilou 315 - 317.
VILLAGE: *(der den Kopf gesenkt hatte, hebt ihn wieder, um in seinem Vortrag fortzufahren)* Ich weiß nicht, ob Sie schön sind — ich habe Angst, Sie könnten es sein. Ich habe Angst vor dem funkensprühenden Dunkel, das Sie sind. Dunkelheit, erhabene Mutter meiner Rasse, Schatten, wie angegossen passende Tunika, die mich vom Zeh bis zu den Augenlidern eng umschließt, langer Schlaf, in den das gebrechlichste Ihrer Kinder sich hüllen möchte, ich weiß nicht, ob Sie schön sind, aber Sie sind Afrika, o monumentale Nacht, und ich hasse Sie. Ich hasse Sie, weil Sie meine schwarzen Augen mit Sanftmut füllen. Ich hasse Sie, weil Sie mich zu der harten Mühsal zwingen, die darin besteht, Sie von mir fernzuhalten, Sie zu hassen. Es bedürfte nur so wenig und ich könnte Ihr Gesicht genießen, Ihren Körper, Ihre Bewegungen, Ihr Herz...
ARCHIBALD: Nehmen Sie sich in acht, Village.
VILLAGE: *(zu Vertu)* Aber ich hasse Sie! *(Zu den anderen)* Lassen Sie mich ihr doch wenigstens sagen, lassen Sie mich Ihnen sagen, was alles an Leiden ich zu dulden habe. Wenn die Liebe uns verwehrt ist, so soll man wenigstens wissen...
BOBO: Ja, das wissen wir bereits. Wir sind schließlich auch Schwarze. Aber wir schmücken die Metaphern, die uns bezeichnen sollen, nicht mit nächtlicher Tiefe, auch nicht mit Sternen aus. Ruß, Schuhwichse, Kohle, Teer reichen uns völlig.

DIOUF: Verweigern Sie ihm doch nicht die kleine Entspannung. Wenn sein Schmerz zu heftig wird, soll er sich im Wort erholen können.
VILLAGE: Ich mich erholen? Ich rufe mir meinen Schmerz ins Gedächtnis, zu sehen, wie dieser große, prächtige Körper im Regen auf und ab ging. Das Wasser lief über ihre Füße...
BOBO: Schwarzen Füße. Über ihre schwarzen Füße!
VILLAGE: Im Regen. Vertu geht im Regen auf und ab und sucht Weiße, Sie wissen es. Nein, nein, für uns gibt es keine Liebe...
(Er zögert.)
VERTU: Sprich es nur aus. Jedes Bordell hat seine Negerin.
GOUVERNEUR: *(nachdem er sich geräuspert hat)* Rein in den Puff, Herrgottnochmal! Rein in den Puff, Gottverdammich! Und jeden Samstag auf einen Sprung hinein, sag ich meiner Truppe, Schanker und Syph, was juckt mich das? Soll sich die ganze Truppe doch den Fuß verstauchen. Rein in den Puff, Herrgottsakrament!
(Der ganze Hofstaat applaudiert. Der Gouverneur wirft sich selbstgefällig in die Brust.)
VERTU: Jeder soll wissen, diese Zeremonie heute abend wird bei mir weniger Wirkung haben, als die Zeremonie, die ich zehnmal am Tag vollziehe. Ich bin die einzige, die den Weg der Schande bis zum bittren Ende geht...
ARCHIBALD: Lassen Sie Ihr Leben aus dem Spiel.
VERTU: *(ironisch)* Sie haben auch schon dieses Zartgefühl, das Ihnen die Weißen angedreht haben. Eine Hure schockiert Sie wohl.
BOBO: Wenn sie es im Leben ist, ja. Wir haben Ihr Elend, Ihren speziellen Ekel nicht zur Kenntnis zu nehmen. Das geht nur Sie etwas an... Im stillen Kämmerlein.
VILLAGE: Mir tut diese Zeremonie weh.
ARCHIBALD: Uns auch. Man hat uns gesagt, wir seien große Kinder. Welcher Bereich bleibt uns also noch! Das Theater! Wir spielen, um uns darin zu bespiegeln, und dabei werden wir uns langsam verschwinden sehen, den großen schwarzen Narziß in seinem Wasser.
VILLAGE: Ich will nicht verschwinden.
ARCHIBALD: Genau wie alle anderen! Von dir wird nichts übrig bleiben als der Schaum deiner Wut. Da man uns in ein Bild preßt und uns darin ertränkt, soll dieses Bild sie mit den Zähnen klappern lassen.
VILLAGE: Mein Körper will leben.

ARCHIBALD: Unter ihren Augen wirst du zum Gespenst und dann kannst du sie heimsuchen.
VILLAGE: Ich liebe Vertu. Und sie liebt mich.
ARCHIBALD: Sie dich, ja, vielleicht. Sie verfügt über größere Kräfte als du. Sie versteht es, die Weißen zu beherrschen, nun ja, ich weiß, mit ihrem magischen Beckenstoß! Aber das ist auch eine Art, sie zu beherrschen. Sie kann dir also etwas bieten, was der Liebe am meisten ähnelt: Zärtlichkeit. In ihren Armen wirst du ihr großer Junge sein, nicht ihr Geliebter.
VILLAGE: *(verstockt)* Ich liebe sie.
ARCHIBALD: Du glaubst sie zu lieben. Du bist Neger und Schauspieler. Weder der eine noch der andere werden je erfahren, was Liebe ist. Aber heute abend — und nur heute abend — hören wir auf, Schauspieler zu sein und sind nur noch Neger. Wir gleichen hier auf dieser Bühne Schuldiggesprochenen, die im Gefängnis spielen, daß sie schuldiggesprochen sind.
VILLAGE: Wir wollen an nichts mehr schuld sein. Vertu wird meine Frau.
ARCHIBALD: Dann haut doch ab. Verschwinde! Geh weg. Nimm sie mit. Geh zu denen da *(er zeigt ins Publikum)* ...wenn sie dich akzeptieren. Wenn sie euch akzeptieren. Und wenn es dir gelungen ist, von ihnen geliebt zu werden, sag mir Bescheid. Aber laßt euch vorher entfärben. Haut ab. Runter von der Bühne. Geht zu ihnen und seid Zuschauer. Unsere Rettung jedenfalls ist das da. *(Er zeigt auf den Katafalk.)*
DIENER: *(mit honigsüßer Stimme)* Und wenn Ihnen nun, Messieurs, eines schönen Sommerabends ein Mann ins Garn geht, ändern Sie dann die Verführungsszene, und wie? Haben Sie schon mal einen Schreiner gefangen, inclusive Hobelbank? Oder einen Flußschiffer mit Lastkähnen, Schleusen und aufgehängter Wäsche?
BOBO: *(mit großer Unverschämtheit)* Ja, das ist schon vorgekommen. Wir haben einen alten, in Elend und Vergessenheit geratenen Schlagersänger aufgelesen: eingepackt und rein in die Kiste. Da. *(Sie zeigt auf den Katafalk.)* Glücklicherweise konnten wir ihn in der Zeremonie als Generalgouverneur auftreten lassen, der vor den Augen des Publikums umgebracht wurde — des Publikums von gestern abend, meine Damen und Herren. Wir haben ihn auf den Speicher geschafft. Und da ist er noch. *(Sie zeigt auf den Hofstaat.)* Ebenso fielen uns eine gebrechliche und ehrwürdige Dame

zum Opfer, ein Milchmann, ein Briefträger, eine Laufmaschenaufnehmerin, ein Notar...
(Erschreckt weicht der Hofstaat zurück.)
DIENER: *(nicht locker lassend)* Und wenn in jener Nacht nur ein vierjähriger Lausbub, der vom Milchholen kommt, verfügbar gewesen wäre? Achten Sie auf das, was Sie antworten, und denken Sie dabei an die Mühe, die ich mir gebe, Sie als Menschen zu betrachten...
BOBO: Man weiß nur zu gut, was mit ihm geschieht, wenn er zuviel Milch getrunken hat. Und wenn wir keine Kinder finden, tut es auch ein altes Pferd, oder ein Hund, oder eine Puppe.
VILLAGE: Wir träumen also immer nur von Mord?
ARCHIBALD: Immer, und jetzt mach, daß du wegkommst!
VILLAGE: *(zu Vertu, doch er zögert noch)* Komm. Folge mir.
(Er macht Anstalten, ins Publikum hinabzusteigen.)
ARCHIBALD: *(sie zurückhaltend)* Nein, nein, nicht nötig. Wir befinden uns ja auf einer Bühne, wo alles relativ ist. Ich brauche also nur rückwärts auszuweichen, um die theatralische Illusion zu erzeugen, daß ich Sie von mir entferne. Ich gehe also. Ich spiele Ihnen, Herr Schlaumeier, den Streich und lasse Sie mit dieser Frau allein. Seht zu, wie ihr mit der Scheiße zurecht kommt. Wir machen uns davon.
(Archibald, Bobo, Diouf, Neige, Félicité entfernen sich, indem sie sich abwenden und die Gesichter in den Händen verbergen; währenddessen erscheinen plötzlich ungefähr zehn weiße Masken um den Hofstaat herum.)
VILLAGE: *(zu Vertu)* Vertu, ich liebe dich.
VERTU: Langsam, Village, laß uns behutsam sein.
VILLAGE: Ich liebe dich.
VERTU: So ein Wort läßt sich leicht sagen, so ein Gefühl leicht vortäuschen, vor allem, wenn es sich auf Begierde beschränkt. Du aber sprichst von Liebe und du glaubst, wir sind allein? Da, schau. *(Sie zeigt auf den Hofstaat.)*
VILLAGE: *(entsetzt)* Auch das noch!
VERTU: Und du willst frei sein.
VILLAGE: *(immer erregter)* Ja, aber nicht, wenn die da sind. Archibald! *(Er schreit)* Archibald! Bobo! *(Niemand rührt sich.)* Neige! *(Er läuft zu ihnen, aber sie bewegen sich nicht. Er kommt zu Vertu zurück.)* Vertu? Du meinst, sie werden nie verschwinden, nicht wahr?
VERTU: Fürchte nichts. Du wolltest mich lieben, du sprachst davon, alles im Stich zu lassen, um...

VILLAGE: Ich weiß nicht, ob ich die Kraft dazu habe. Jetzt, wo die da sind...
VERTU: *(Sie legt Village die Hand auf den Mund)* Sei still. Komm, lieben wir uns, jetzt gleich, hier — hast du die Kraft dazu?
(Aber der Hofstaat scheint sich zu erregen, außer der Königin, die vor sich hindämmert. Der Hofstaat tritt von einem Fuß auf den anderen, bewegt sich hin und her, klatscht in die Hände.)
GOUVERNEUR: Sie werden alles kaputt machen, Herrgottnochmal! Los, hindert sie daran, weiterzumachen. *(Zur Königin)* Madame, Madame, wachen Sie auf!
RICHTER: Die Königin ist eingeschlafen. *(Er legt einen Finger an den Mund)* Sie brütet. Und worüber? Über den Glasfenstern der Kathedrale von Chartres und den Überresten der Keltischen Kultur.
GOUVERNEUR: Los, weckt sie auf, Herrgottnochmal... klappert mit dem Kochgeschirr, wie in der Kaserne...
RICHTER: Sind sie verrückt geworden? Wer soll dann brüten? Sie vielleicht?
GOUVERNEUR: *(kleinlaut)* Das habe ich noch nie gekonnt.
DIENER: Ich auch nicht. Schon gar nicht im Stehen. Denn natürlich weiß niemand, wo mein Stuhl hingekommen ist. Ein einfacher Korbstuhl übrigens.
MISSIONAR: *(gereizt)* Meiner auch. Und mir ist das gleich, obwohl ich Weihbischof bin. Trotzdem muß man sie daran hindern, fortzufahren. Hören Sie nur...
(Unten spielen Village und Vertu eine stumme Szene weiter, deren Repliken man hören kann.)
VILLAGE: Unsere Farbe ist kein Feuermal, das ein Gesicht entstellt, unser Gesicht ist kein Schakal, der die verschlingt, die er anschaut... *(brüllend)* Ich bin schön, du bist schön, und wir lieben uns! Ich bin stark! Wenn jemand dich anrühren würde...
VERTU: *(ekstatisch)* Wäre ich glücklich darüber.
(Village verharrt verwirrt.)
GOUVERNEUR: *(zum Hofstaat)* Haben Sie das gehört? Jetzt muß eingegriffen werden. Sofort. Die Königin soll sprechen. Madame, raus aus dem Bett!
(Er imitiert mit dem Mund ein Trompeten-Signal: Wecken. Richter, Missionar und Diener sind über die Königin gebeugt. Betrübt richten sie sich auf.)
MISSIONAR: Kein Zweifel, sie schnarcht.

GOUVERNEUR: Wieso, und diese volle Stimme? Ich höre sie doch. *(Kurzes leichtes Schweigen.)*
VERTU: *(leise, schlafwandlerisch)* Ich bin die Königin des Abendlandes und der Lilienblässe! Kostbares Produkt so vieler Jahrhunderte, die an diesem Wunderwerk gearbeitet haben! Makellos, eine Wonne für Auge und Seele!... *(Der ganze Hof hört aufmerksam zu.)* Ob ich in strahlend rosiger Gesundheit erscheine, oder ob eine Mattigkeit an mir zehrt, stets bin ich weiß. Wenn der Tod mich fixiert, dann in der Farbe des Sieges. O edle Blässe, färbe meine Schläfen, meine Finger, meinen Bauch!... Auge, Iris in den zartesten Nuancen, bläuliche Iris, gletscherfarbene Iris, vergißmeinnichtblau, violett, reseda, tabakbraun, englisch grün, normannisch grasgrün, was erblicke ich durch euch?...
(Die Königin ist endlich aufgewacht und hört erstaunt dem Gedicht zu, dann beginnt sie zugleich mit Vertu zu rezitieren.)
...Weiß, wie ich bin, ist die Milch mein Zeichen, die Lilie, die Friedenstaube, der ungelöschte Kalk, das klare Bewußtsein, Polen ist es, sein Adler und sein Schnee! Schnee...
VILLAGE: *(plötzlich lyrisch)* Schnee? Also gut, meinetwegen. Verfolge mich, Lanzenträger, komm über mich. Mit meinen langen, dunklen Schritten durchmaß ich die Erde. Auf dieses sich bewegende massive Stück Nacht warf irritiert, doch respektvoll die Sonne ihre sengenden Strahlen. Nein! Nie werdet ihr Strahlen meine dunkle Geschlossenheit durchdringen. Ich war nackt.
VERTU und KÖNIGIN: *(zusammen)* ...Die Unschuld ist es und der Morgen.
VILLAGE: Jede Rundung meiner Körperoberfläche war ein Spiegel, und alles konnte sich darin spiegeln: Die Fische, die Büffel, das Lachen der Tiger, das Schilfgras. Nackt? Oder die Schulter mit einem Blatt bedeckt? Mein Geschlecht mit Moos geschmückt...
VERTU und KÖNIGIN: *(zusammen)* ...Nur ein bißchen Schatten blieb unter meiner Achsel...
VILLAGE: *(immer frenetischer)* ...Mit Moos oder Algen? Ich habe nicht gesungen, ich habe nicht getanzt. Aufrecht, kurz gesagt königlich, eine Hand in die Hüfte gestemmt, dreist stand ich da, und habe gepißt. Aiii! Aiii! Aiii! Ich robbte durch die Baumwollstauden. Die Hunde witterten meine Spur. Ich habe meine Ketten und Handfesseln durchbissen. Die Sklaverei hat mich den Tanz gelehrt und das Lied.

VERTU: *(allein)* ...ein graubrauner, violetter, fast schwarzer Schattenring legt sich auf meine Wange. Die Nacht...
VILLAGE: ...Im Laderaum der Sklavenschiffe bin ich gestorben...
(Vertu nähert sich ihm.)
VERTU und KÖNIGIN: Ich liebe dich.
VILLAGE: Ich sterbe und kann nicht mehr aufhören damit.
KÖNIGIN: *(plötzlich erwacht)* Genug jetzt! Und bringt sie zum Schweigen, sie haben meine Stimme gestohlen! Hilfe!...
(Plötzlich erhebt sich Félicité. Alle schauen auf sie, alles verstummt und hört ihr zu.)
FÉLICITÉ: Dahomey!...Dahomey!...Mir zu Hilfe, Neger aus allen Ecken der Welt. Kommt herbei! Kommt herein! Aber hinein in mich, nur in mich. So daß mich euer Getümmel aufbläht! Kommt herein. Ja, drängelt euch. Dringt ein, wo ihr wollt: in den Mund, ins Ohr — oder in meine Nasenlöcher. Nasenlöcher, gewaltige Muschelhörner, Stolz meiner Rasse, dunkle Trichter, Tunnels, klaffende Grotten, wo sich die Schnupfenbataillone tummeln! Ich, Riesin mit zurückgeworfenem Kopf, erwarte euch. Dringt in mich ein, zuhauf und massenhaft, und seid, für heute abend nur, meine Stärke und mein Sinn. *(Sie setzt sich wieder. Der Dialog geht weiter.)*
KÖNIGIN: *(sehr feierlich und einer Ohnmacht nahe)* Ariadne, meine Schwester, an welcher Liebe sterbe ich...
DIENER: Madame stirbt!
KÖNIGIN: Noch nicht ganz! Zu mir, ihr Jungfrauen des Parthenon, her zu mir, du Engel vom Portal der Kathedrale zu Reims, ihr Säulen Paul Valérys, Musset, Chopin, Vincent d'Indy, französische Küche, Grabmal des Unbekannten Soldaten, Tiroler Lieder, Descartes und seine Lehrsätze, Le Nôtres Gartenkunst, Klatschmohn, Kornblumen, ein Schuß Koketterie, Pfarrhausgärtchen...
DER GANZE HOFSTAAT: Madame, wir sind zur Stelle.
KÖNIGIN: Ah, ihr tut mir wohl. Ich glaubte mich schon im Stich gelassen! Sie wollten mir nämlich etwas antun!
RICHTER: Fürchten Sie einen Dreck, Madame, unsere Gesetze halten stand.
MISSIONAR: *(zur Königin und zu ihr gewandt)* Fassen Sie sich in Geduld. Es ist erst einige Minuten her, seit wir dieser langen Agonie verfallen sind, an der sie ihr Vergnügen haben. Treten wir ihnen würdig gegenüber. Sie sollen doch Gefallen finden an unserem Sterben...
KÖNIGIN: Könnte man den Aktschluß nicht etwas beschleuni-

gen? Ich habe es satt und ihr Geruch erstickt mich. *(Sie täuscht eine Ohnmacht vor.)*
MISSIONAR: Unmöglich. Sie haben alle Einzelheiten abgesprochen und setzen dabei nicht so sehr auf ihre eigene Kraft als auf unsere Erschöpfung.
KÖNIGIN: *(mit sterbender Stimme)* Und wir sind noch allzu lebendig, nicht wahr? Dabei entweicht mein ganzes Blut. *(In diesem Moment richten sich Archibald, Diouf, Neige und Bobo wieder auf, wenden sich um und nähern sich Village.)*
ARCHIBALD: Village, zum letzten Mal, ich beschwöre Sie...
VILLAGE: Zum letzten Mal? Heute abend? *(Plötzlich entschieden)* Also gut. Heute abend, zum letzten Mal. Aber ihr müßt mir helfen: wollt ihr mir helfen? Mich anfeuern: wollt ihr mich anfeuern?
NEIGE: Ich sofort, denn ich habe von Ihrer Schlaffheit genug.
VILLAGE: *(auf den Katafalk zeigend)* Ich habe sie schließlich getötet, und da wollen Sie mir Vorwürfe machen!
NEIGE: Das hat Sie ja auch eine Menge gekostet!
VILLAGE: Was wissen Sie denn davon? Sie haben sich im Garten versteckt, Sie haben unter den Akazien auf mich gewartet. Wie hätten Sie da mein Zögern sehen können? Während Sie in der Dämmerung Blumen kauten, habe ich sie bluten lassen, ohne mit der Wimper zu zucken.
NEIGE: Ja, aber seitdem sprechen Sie nur mit Zärtlichkeit von ihr.
VILLAGE: Nicht von ihr, sondern von meiner Tat.
NEIGE: Sie lügen!
VILLAGE: Sie lieben mich! *(Die ganze Truppe wird ab jetzt von einer immer rasenderen Bewegung erfaßt.)*
NEIGE: Sie lügen. Wenn Sie von ihr sprechen, zuckt über Ihre dicken Lippen, durch Ihre kranken Augen eine derartige Sanftmut, eine so herzzerreißende Traurigkeit, daß für mich darin, Monsieur, nichts anderes zum Vorschein kommt, als die Nostalgie in Person. Es war nicht Ihre Tat, die Sie mir beschrieben, als Sie von ihrem blauen, hochgerafften Kleid sprachen, auch nicht Ihre Wut, als Sie ihren Mund und ihre Zähne beschrieben, nicht der Widerstand, den das Fleisch dem Messer bot, war gemeint, als Sie so ausführlich von ihrem dunkelbraunen Augenlid erzählten, noch Ihr Ekel, als Sie den Fall ihres Körpers auf dem Teppich erwähnten...
VILLAGE: Lügnerin!
NEIGE: ...noch unser Elend, als Sie von ihrer Blässe träumten, noch Ihre Angst vor der Polizei, als Sie ihre Knöchel nach-

zeichneten. Sie haben eine Liebesarie vorgetragen. Von weit her, von Oubangui oder Tanganjika, kam eine unermeßliche Liebe, um sich hier in dem Verlangen zu verzehren, weiße Knöchel zu lecken. Sie, Neger, waren verliebt. Wie ein Sergeant der Kolonialarmee. *(Sie fällt erschöpft zu Boden, doch Bobo und Archibald heben sie wieder auf. Bobo gibt ihr einen Klaps.)*

BOBO: *(Neiges Kopf abstützend, als ob die sich übergeben würde)* Weiter so. Entleeren Sie sich. Raus damit! Raus damit! *(Village gerät immer mehr außer sich.)*

NEIGE: *(als ob sie andere Beleidigungen suchte, die sie stoßartig herauswürgt)* Schwören Sie! So wie andere die Familien, die Städte, die Länder, die Namen wechseln, die Götter wechseln, hatten Sie da nicht das Verlangen, Ihre Farbe zu wechseln, um an sie heranzukommen? Können Sie das beschwören? Aber da Sie vom königlichen Weiß nicht einmal träumen durften, haben Sie sich eine grünliche Haut gewünscht: und die haben Sie noch!

VILLAGE: *(wie rasend)* Nichts verstehen Sie davon, nichts! Um sie verliebt zu machen, um sie anzulocken, mußte ich meinen Hochzeitsflug tanzen. Meine silbrigen Insektenflügel surrten wie wild. Endlich hatte ich mich verausgabt und starb. Vielleicht ist sie in meinen willenlosen Körper eingedrungen, als ich mich von meinem Tanz erholte — oder auch beim Tanzen, was weiß ich?

NEIGE: Du gibst es also zu!

VILLAGE: Garnichts gebe ich zu! Ich weiß nur, daß ich sie getötet habe, da liegt sie ja. *(Er zeigt auf den Katafalk.)* Ich weiß nur eins: eines Abends ging ich in den Straßen auf die Jagd, auf Jagd nach der Weißen Frau, und ich habe die getötet, die ich euch mitgebracht habe. *(Doch alle wenden den Kopf: Madame Félicité steigt sehr majestätisch von ihrem Thron, sie nähert sich dem Katafalk, bückt sich und wirft einige Körner unter das Laken.)*

BOBO: Jetzt schon?

FÉLICITÉ: Ich will sie nicht gerade stopfen, wissen Sie. Aber eingehen soll sie mir auch nicht.

DIOUF: Was frißt sie denn? Reis?

FÉLICITÉ: Weizen. *(Alles schweigt und sie geht auf ihren Platz zurück.)*

BOBO: Übrigens haben wir uns längere Zeit nicht mit Monsieur Diouf beschäftigt. Schauen Sie, er hat sein Gleichgewicht wiedergefunden, er hat sich richtig darin eingerichtet, möch-

te ich sagen.
DIOUF: *(ängstlich)* Madame...
BOBO: Wieso Madame? Selber Madame. Sein Auge glänzt: vielleicht spürt er schon, wie der Neger geil ist auf sein wollüstiges Dekolleté?
DIOUF: *(erschreckt)* Madame! Bobo! Es war falsch von mir, heute abend hierher zu kommen. Lassen Sie mich gehen! Mit Village muß man sich beschäftigen. Ihn müssen Sie bis zur Rotglut reizen!
ARCHIBALD: Village kriegt schon seinen Teil. Zunächst bewahrt ihn sein Verbrechen. Vorausgesetzt, er hat es aus Haß begangen...
VILLAGE: *(brüllend)* Aber es war aus Haß! Wie könnt ihr daran zweifeln. Seid ihr alle hier verrückt geworden? Sagen Sie, Mesdames, Messieurs, sind Sie verrückt? Sie stand aufrecht hinter ihrem Ladentisch. *(Lange Pause. Die Schauspieler scheinen an Villages Lippen zu hängen.)*
NEIGE: Erst haben Sie gesagt: saß an ihrer Nähmaschine.
VILLAGE: *(bockig)* Sie stand aufrecht hinter ihrem Ladentisch. *(Alle sind aufmerksam.)*
BOBO: Na und, was hat sie gemacht?
VILLAGE: Neger, ich flehe euch an! Sie stand aufrecht...
ARCHIBALD: *(ernst, mit Nachdruck)* Ich befehle Ihnen, schwarz zu sein, bis in die Adern schwarz. Lassen Sie schwarzes Blut darin pulsen. Afrika soll darin zirkulieren. Die Neger sollen sich vernegern. Hartnäckig bis zum Wahnsinn sollen sie auf dem bestehen, was zu sein man ihnen vorwirft: auf ihrer Ebenholzfarbe, ihrem Geruch, ihrem gelben Auge, ihren kannibalischen Gelüsten. Sie sollen sich nicht darauf beschränken, Weiße zu fressen, sie sollen sich gegenseitig kochen. Rezepte sollen sie erfinden für Schienbeine, Kniescheiben, Kniekehlen, Wulstlippen, was weiß ich, unbekannte Soßen, Schluckauf, Rülpser, Fürze, und alles schwillt zu einem tödlichen Jazz, einem Gemälde, einem kriminellen Tanz. Wenn sich uns gegenüber irgendetwas ändern sollte, Neger, dann bitte nicht aus Mildtätigkeit, sondern nur aus Furcht vor unserem Terror! *(Zu Diouf)* Und Sie, Herr Großvikar, für den Christus am Kreuz gestorben ist, Sie müssen sich entscheiden. *(Zu Village)* Und Village soll mit seinem Ammenmärchen weitermachen. Sie stand also aufrecht hinter ihrem Ladentisch. Und hat was gemacht? Was gesagt? Und Sie, was haben Sie für uns getan?
VILLAGE: *(auf Archibald zeigend)* Sie stand da, wo Sie jetzt sind.

ARCHIBALD: *(zurückweichend)* Nein, nein, nicht ich.
VILLAGE: *(vor dem Sarg tanzend)* Also wer dann? *(Niemand antwortet.)* Also los, wer? Wollen Sie, daß ich den Sarg öffne und mit der Toten wiederhole, was ich mit der Lebenden gemacht habe? Wie Sie ja wissen, soll ich hier eine Vorstellung geben. Also brauche ich einen Komparsen. Heute abend spiele ich die Vorstellung bis zum bittren Ende. Heute abend spiele ich auf Teufel komm raus. Wer hilft mir dabei? Wer? Schließlich ist es ziemlich bedeutungslos, ob es der ist oder jener. Bekanntlich können die Weißen einen Neger vom anderen schwer unterscheiden. *(Alle schauen auf Félicité. Sie zögert, steht schließlich auf und spricht.)*
FÉLICITÉ: Monsieur...Samba Graham Diouf! Sie sind dran.
DIOUF: *(ängstlich)* Aber Madame...
FÉLICITÉ: Heute abend sind Sie die Tote. Auf die Plätze!
(Langsam, feierlich, nimmt jeder seinen Platz ein. Diouf stellt sich vor den Katafalk, Gesicht zum Publikum.)
FÉLICITÉ: *(sich wieder setzend)* Bringt die Requisiten.

(Bobo holt hinter dem rechten Paravent einen Ständer mit einer blonden Perücke hervor; dann eine grobe Karnevalsmaske aus Pappmaché, die eine lachende weiße Frau mit runden Backen darstellt. Ferner ein angefangenes rosa Strickzeug mit zwei Wollknäueln und einer Häkelnadel, und weiße Handschuhe.)

FÉLICITÉ: Monsieur Diouf, geben Sie Ihre Erklärung ab. Sie kennen den Wortlaut, hoffe ich.
DIOUF: *(Gesicht zum Publikum)* Ich, Samba Graham Diouf, geboren in den Sümpfen von Oubangui Chari, nehme jetzt voll Trauer Abschied von Ihnen. Ich habe keine Angst. Öffnet mir die Tür, so trete ich ein, ich steige in den Tod hinab, den ihr mir bereitet.
FÉLICITÉ: Gut. Kommen wir zur Verabschiedung. *(Diouf bleibt vor dem Katafalk stehen, während die anderen Schauspieler sich linker Hand in eine Reihe stellen und langsam rückwärts gehen; dabei schwenken sie behutsam kleine Taschentücher, die die Herren aus den Hosentaschen und die Frauen aus dem Dekolleté geholt haben. So weichen sie, sehr langsam, nach hinten zurück und verschwinden hinter dem Katafalk, währenddessen Diouf, Gesicht zum Publikum, unaufhörlich grüßt, um sich bei ihnen zu bedanken. Sie singen mit halber Stimme eine Art Wiegenlied.)*

ALLE: *(singend)*
Singt, liebe Schwarzdrosseln,
Pfeift euer Lied,
Ihr kleinen, flinken Negerlein,
Ihr schwimmt im Wasser
Wie die Vögel,
Ihr müßt Exotenvögel sein.
Ihr reizenden Bengelchen, aufgepaßt,
Daß euch nicht der Haifisch faßt.
Auf dem Blau ein roter Flecken,
Sinkt tiefer herab und legt euch zum Schlummer,
Auf unsichtbaren Rasendecken,
Mit Seufzern und Tränen still' ich meinen Kummer.
(Diouf grüßt sie und bedankt sich.)
DIOUF: Euer Lied war sehr schön, und eure Trauer ehrt mich. Ich tue jetzt meine ersten Schritte in eine neue Welt. Wenn ich je zurückkehren sollte, werde ich euch berichten, was sich begeben hat. Großes, schwarzes Land, ich sage dir Lebewohl. *(Er grüßt.)*
ARCHIBALD: Und jetzt Aufstellung nehmen für die Maske.
DIOUF: *(weinerlich)* Sind Sie sicher, daß man auf die Darstellung nicht verzichten kann? Schauen Sie sich doch um, man kann auf so vieles verzichten, auf Salz, auf Tabak, auf die Metro, auf Frauen, sogar auf die kandierten Mandeln bei der Taufe und die Eier beim Omelette.
ARCHIBALD: Ich habe gesagt: weitermachen. Die Requisiten. *(Jeder Schauspieler bringt feierlich die Perücke, die Maske und die Handschuhe herbei, mit denen Diouf geschmückt wird. So zugerüstet, nimmt er das Strickzeug. Während dieser Zeit ist Village immer ungeduldiger geworden.)*
ARCHIBALD: *(zu Village)* Wir hören.
VILLAGE: *(zurückweichend, wie um die Wirkung abzuschätzen)* Wie Sie wissen, kam ich herein, um nach der Arbeit ein Gläschen zu trinken...
BOBO: Halt! Du bist viel zu blaß. *(Sie läuft zum Schuhputzkasten und kommt zurück, um Villages Gesicht und Hände zu schminken. Dabei spuckt sie auf seine Hände und reibt sie.)* Also wenn sie jetzt nicht vor Angst zittert!
VILLAGE: Sie stand also da... *(Plötzlich hält er inne und scheint etwas zu suchen.)* Sind Sie sicher, daß es sinnvoll ist, das ganz durchzuspielen?
NEIGE: Gerade haben Sie nicht gezögert, mich zu verletzen, und jetzt wollen Sie nicht die Kraft haben, eine schon tote Weiße umzubringen?

BOBO: Neige hat recht und wieder recht. Ihr dauerndes Zögern bringt uns ganz durcheinander. Wir sabbern schon vor Ungeduld.
ARCHIBALD: *(wütend)* Nehmen Sie das Wort zurück, Bobo. Es handelt sich hier nicht um einen Akt kollektiver Hysterie, sondern um eine Zeremonie.
BOBO: *(zum Publikum)* Entschuldigen Sie, meine Herren, entschuldigen Sie, meine Damen.
VILLAGE: Sie stand also da... Aber, Neger, ihr habt die Beleidigungen vergessen.
(Alle schauen sich an.)
ARCHIBALD: Das stimmt. Er hat recht. Sie sind dran, Vertu. Und lassen Sie sie laut, klar und deutlich klingen.
(Vertu rezitiert eine Litanei, wie in der Kirche Marien-Litaneien rezitiert werden, mit der Stimme auf einem Ton. Beim rezitieren der Bleichen-Litanei verneigt Vertu sich vor Diouf.)
VERTU: Ihr Bleichen,
Bleich wie das Röcheln eines Tuberkulösen,
Bleich wie das, was aus dem Arsch eines gelbsüchtigen Mannes kommt,
Bleich wie der Bauch einer Kobra,
Bleich wie ihre Todeskandidaten,
Bleich wie der Gott, den sie morgens knabbern,
Bleich wie ein Messer in der Nacht,
Bleich — mit Ausnahme der Engländer, Deutschen und Belgier, denn die sind rot...
Bleich wie die Eifersucht,
Ich grüße euch, ihr Bleichen!
(Vertu entfernt sich. Neige nimmt ihren Platz ein und, nachdem sie Diouf gegrüßt hat:)
NEIGE: Auch ich grüße Euch, Elfenbeinturm, Himmelstor, mit weit offenen Flügeln, damit majestätisch und stinkend der Neger eintreten kann. Doch was seid Ihr so bleich! Welches Leiden richtet Euch zugrunde! Wollt Ihr heute abend die Kameliendame spielen? Welch wundersames Leiden, das Euch immer weißer und weißer macht und Euch zur endgültigen Weiße führt. *(Sie bricht in Gelächter aus.)* Aber was sehe ich denn da Eure schwarzen Baumwollstrümpfe herunterlaufen? Könnte es sein, lieber Herr Jesus, daß hinter der Maske eines Weißen, der in der Falle sitzt, sich ein armer Neger vor Angst in die Hose scheißt? *(Sie weicht zurück und sagt zu Bobo)* Jetzt bist du dran.

BOBO: Los, wir beide! *(Sie rafft die Röcke und tanzt einen obszönen Tanz.)*
ARCHIBALD: Gut. Jetzt sind Sie dran, Village.
VILLAGE: Ich weiß nicht, ob ich es kann...
ARCHIBALD: *(wütend)* Was? Sie haben schon wieder den Ton gewechselt? Zu wem sprechen Sie? Wovon sprechen Sie? Sie sind hier im Theater und nicht in der Stadt. Theater, Drama und Verbrechen.
VILLAGE: *(plötzlich wütend, er scheint sich aufzuraffen, macht eine Geste, als schöbe er alles und jeden zur Seite.)* Macht, daß ihr wegkommt! Ich komme herein. *(Er ist etwas zurückgetreten und kommt nun wieder nach vorne.)* Ich komme herein. Und furze. Schwer stehe ich auf meinen Schenkeln wie auf gußeisernen Säulen. Ich schiebe mich in den Raum. Ich schaue mich ein bißchen um...
BOBO: Sie lügen, Sie Leisetreter. Mit größter Umsicht sind Sie gestern hereingekommen. Sie verzerren die Tatsachen.
VILLAGE: *(neu anfangend)* Ich komme herein. Ich nähere mich behutsam. Ich werfe einen verstohlenen Blick um mich. Ich schaue. Nach rechts. Nach links. «Bonjour Madame». *(Er grüßt Diouf, der seinerseits, mit dem Strickzeug in der Hand, zurückgrüßt.)* Bonjour, Madame. Nicht besonders warm heute. *(Alle spitzen die Ohren, um zu hören, was die Maske sagt. Sie schweigt. Aber die Schauspieler müssen sie gehört haben, denn sie richten sich wieder auf und lachen ihr orchestriertes Lachen.)* Nicht besonders warm heute. Ich schau nur kurz herein. Ich bin so frei. Hier ist es wenigstens angenehm. Stricken Sie eine Pudelmütze? Rosarot? Ein sehr mildes Licht hier drin. Paßt gut zu Ihrem hübschen Gesicht. Ja, ich trinke gern ein Glas Rum, trinke gern ein Tröpfchen. *(Wechselt den Ton und wendet sich zu den Negern)* Hab' ich jetzt den Ton?
ALLE: *(keuchend)* Ja!
VILLAGE: Der Mond ist aufgegangen — denn es war fast Nacht geworden — und scheint verschmitzt und höchst passend auf eine Landschaft voller Insekten. Es ist ein fernes Land, Madame, aber mein ganzer Körper könnte Ihnen davon erzählen. Hören Sie, wie meine Schenkel singen! Hören Sie! *(Plötzlich unterbricht er sich und zeigt auf die strickende Maske.)* Aber er hat ja keinen Unterrock an! Was soll denn diese Maskerade? Ich breche sofort meinen Monolog ab, wenn man ihm nicht einen Rock rüberschmeißt.
ARCHIBALD: Neige, deine Stola!

NEIGE: Meinen Tüllschal? Er tritt darauf und macht ihn kaputt.
ARCHIBALD: Also, hat niemand was für ihn? *(Alle schweigen still, doch plötzlich steht Félicité auf. Sie zieht ihren Unterrock aus und wirft ihn Diouf zu.)*
FÉLICITÉ: Schlüpf rein. Das verdeckt deine Stiefel. *(Diouf hört auf zu stricken. Man reicht ihm den Unterrock.)*
VILLAGE: Ich geh nochmal zurück... «Der Mond»...
BOBO: Nein, nein, das hatten wir schon.
VILLAGE: *(resigniert)* Also gut. Ich mach' weiter. Hören Sie, wie meine Schenkel singen, denn... *(Pause, ziemlich lang, in der er so tut, als hätte er eine schwerwiegende Enthüllung zu machen.)* ...denn meine Schenkel hatten es ihr angetan. *(Selbstgefällig)* Fragt sie doch. *(Die Neger nähern sich der Maske und murmeln ihr etwas ins Ohr. Die Maske bleibt stumm, aber die Neger brechen in Gelächter aus.)* Seht ihr! Sie hat sogar die Frechheit, sich damit zu brüsten. *(Pause)* Aber das ist noch nicht alles, jetzt kommt der komische Teil! Oben vom Speicher, wo sie ihr Bett hat, hörte ich die Mutter nach ihrer Abendmedizin rufen.
(Kurze Pause, dann zu Félicité)
Also, jetzt sind Sie dran. Spielen Sie die Mutter.
FÉLICITÉ: *(eine jammernde Kranke imitierend, die Augen zur Decke gerichtet)* Maaarie! Maaarie! Es ist Zeit für meine Pralinen und mein Aspirin, Töchterchen! Und es ist Zeit für's Abendgebet.
(Die Maske scheint sich nach der Stimme zu orientieren, sie macht einige Schrittchen auf Félicité zu, aber Village tritt ruhig und hart dazwischen.)
VILLAGE: *(nimmt eine Frauenstimme an)* Ja, Mamachen, sofort. Das Wasser ist schon aufgesetzt. Ich bügele nur noch rasch zwei, drei Bettlaken und bringe Ihnen dann Ihre Pralinen rauf. *(Zur Maske)* Sachte, sachte, Kleine. Die alte Wühlmaus kannst du vergessen. Und ich auch. Sie hat ihre Zeit gehabt. Soll sie doch krepieren, wenn sie keine Pralinen zu lutschen kriegt. Und das Wasser, das du aufsetzt, ist für danach. Was, oder...
FÉLICITÉ: Maaarie! Mein geliebtes Töchterchen, es ist Zeit für meine Pralinen. Als dein Vater noch Richter am Kreisgericht war, hat er mir immer um diese Zeit eine gebracht, so zwischen nicht mehr hell und noch nicht dunkel. Laß mich hier auf dem Dachboden nicht allein. *(Pause)* Und sieh dich vor, die Bäckerin kommt.
ARCHIBALD: *(zu Bobo, die er in die Kulisse schubst)* Das ist Ihr

Stichwort. Treten Sie auf. *(Vertu ist bis zur Kulisse, bis zum Abgang zurückgewichen, dann kommt sie zögernd heran, als ob sie in einer Schlange stünde.)*
BOBO: *(gutnachbarlich)* Bonsoir, Marie. Sind Sie nicht da? Mein Gott, ist es dunkel hier. Wie sagt unser Flurwächter manchmal in seiner galanten Art: schwarz wie in einem Negerarsch. — Oh, pardon, einem Afrikanerarsch. Man muß ja höflich sein. *(Pause)* Ach so, Sie machen gerade Kasse? Also gut, dann komme ich morgen wieder. Ich verstehe schon. Auf Wiedersehen und gute Nacht, Madame Marie. *(Sie imitiert alle Bewegungen des Hinausgehens, aber sie bleibt auf der Bühne, nahe an der Kulisse, den Blick nach draußen gerichtet, und verharrt in einer Abgangspose.)*
VILLAGE: *(Er nimmt den Ton des feierlichen Berichts wieder auf.)* Ich hatte mich nämlich in den Schatten verkrochen. Und ich flüsterte ihr zu: Hören Sie, wie meine Schenkel singen. Hören Sie! *(Er spannt seine Hose über dem Schenkel.)* Dieses Geräusch ist das Knurren von Panthern und Tigern. Wie sie sich spreizen, sich straffen? Ja, das sind meine Leoparden, die sich räkeln. Wenn ich mich aufknöpfe, schießt ein Adler der Großen Reiche von unseren Schneebergen bis zu euren Pyrenäen. Aber... ich habe nicht vor, mich aufzuknöpfen. Die Feuer flammen auf. Unter unseren harten Fingern dröhnen die Trommeln... *(Alle beginnen jeweils auf der Stelle zu tanzen — sogar Bobo, mit dem Blick in die Kulisse, sogar der Hofstaat, nur die Maske nicht — und schlagen dabei ganz leise in die Hände.)* Und dann, auf der Lichtung, wurde getanzt! *(Er wendet sich zu seinen Kameraden.)* Ich mußte sie ja betören, nicht wahr? Mein Ziel war doch, sie unauffällig in ihr Schlafzimmer zu locken. Die Ladentür führte hinaus auf die Straße, über uns starb die Alte...
FÉLICITÉ: *(die alte Mutter nachahmend)* Pralinen! Praaalinen! Nachtgebet! Naaachtgebet! Es ist Zeit für dein Nachtgebet! Vergiß es nicht!
VILLAGE: *(sehr irritiert)* Sie wird noch alles versauen. *(Er nimmt für den folgenden Satz wieder die Frauenstimme an.)* Ich muß noch ein Strampelhöschen fertigmachen, Mamachen, und dann bin ich nur noch für Sie da. *(Wieder den feierlichen Vortragston annehmend)* Ich verlangte ein zweites Glas Rum. Der Alkohol entzündete mein Genie. Wie man so sagt, ich hatte ziemlich einen sitzen. In meinen Augen ließ ich mit großem Trara unsere Krieger aufziehen, unsere Krankheiten, unsere Alligatoren, unsere Amazonen, unsere Strohhüt-

ten, unsere Jagden, unsere Stromschnellen, unsere Baumwolle, sogar die Lepra und rund 100 000 junge Männer, die im Staub krepierten; über meine Zähne ließ ich die schlankeste unserer Pirogen gleiten; als ob ich Tango tanzen wollte, näherte ich mich, eine Hand in der Hosentasche, und sagte: «Chère Madame, kein schönes Wetter draußen». Sie antwortete mir: *(Wie vorhin hören alle der Maske zu, die ihrerseits schweigt, dann brechen sie in ihr übliches orchestriertes Lachen aus.)* Ja, Sie haben völlig Recht. Wir müssen vorsichtig sein. Es wird so viel getratscht in der Provinz.

BOBO: *(tut so, als käme sie zurück und wolle in den Laden treten)* Madame Marie, Sie haben immer noch kein Licht gemacht? Sie werden sich die Augen verderben, wenn Sie im Finstern arbeiten. *(Pause)* Ich höre da vorne auf dem Weg jemanden pfeifen, das ist bestimmt Ihr Mann. Gute Nacht, Marie. *(Gleiche Pantomime wie vorhin. Während der ganzen Zeit schien Village große Angst zu haben, entdeckt zu werden.)*

VILLAGE: *(im Rezitierton)* Die Vorsichtsmaßnahmen können in der Tat nie groß genug sein: die Sonnen kreisen um die Erde...

FÉLICITÉ: *(die alte Mutter nachahmend)* Maaarie! Praaaline! Nimm dich in Acht vor der Nacht, Töchterchen. In der Nacht sind alle Katzen grau und leicht vergißt man, seiner alten Mutter die Abendpraline zu bringen. *(Pause)* Sag deiner Schwester Suzanne, sie soll ins Haus kommen.

VILLAGE: *(nimmt Frauenstimme an)* Suzanne! Suzanne! Wo bist du?

NEIGE: *(ist hinter den Katafalk gelaufen, wo sie sich versteckt)* Ich bin hier, huhu. Ich bin im Garten.

VILLAGE: *(hält die Maske zurück, die sich anscheinend Richtung Katafalk begeben will, und spricht immer noch mit Frauenstimme)* Bist du ganz allein im Garten?

MISSIONAR: *(zu Archibald)* Sie sind dran, Archibald.
(Archibald läuft zur Kulisse links, von wo er jetzt aufzutreten scheint, mit lässigem Schritt, pfeifend. In Wahrheit rührt er sich nicht von der Stelle, er mimt den Gang.)

NEIGE: Ich bin ganz allein, ganz allein. Und ich spiele Bosseln.

VILLAGE: *(immer noch mit Frauenstimme)* Nimm dich in acht, Suzanne, und besonders vor Landstreichern. Die Gegend ist nicht mehr sicher, seit man Piloten in Guinea rekrutiert.

STIMME VON NEIGE: In Guinea! Piloten!

VILLAGE: *(im Rezitierton)* In Guinea, du Miststück! ...die Son-

nen kreisen um die Erde, die Adler stürzen sich auf unsere Schlachtfelder... Machen wir lieber das Fenster zu. Sie tat so, als würde sie nicht verstehen. Galant schloß ich das Fenster. Schnee fiel über der Stadt.
VERTU: *(erregt stürzt sie sich auf ihn)* Mach nicht weiter.
BOBO: *(die immer noch in ihrer Abgangsstellung verharrt, wendet nur den Kopf, um das folgende einzuwerfen)* Schauen Sie doch, wie er sich reinschmeißt. Er schäumt! Er dampft! Eine Fatamorgana!
VERTU: Village, ich verlange es von dir, hör auf.
VILLAGE: *(Vertu anschauend)* Die Klarheit Ihrer blauen Augen, diese Träne, die im Augenwinkel schimmert, Ihr himmlischer Busen...
VERTU: Bist du wahnsinnig, zu wem sprichst du?
VILLAGE: *(immer noch Vertu betrachtend)* Ich liebe Sie und halte es nicht länger aus.
VERTU: *(brüllend)* Village!
NEIGE: *(reckt ihren Kopf hinter dem Katafalk hervor, nur so lange, wie sie für die folgende Replik braucht)* Aber meine Liebe, um Sie geht es ja gar nicht, das hätten Sie doch merken können.
VILLAGE: *(wendet sich langsam zur Maske, die mechanisch weiterstrickt)* Ihre Füße mit den vergißmeinnichtblauen Sohlen, auf der Oberseite gelackt, Ihre Füße gingen über den Zementestrich...
VERTU: Das hast du schon zu mir gesagt. Halt den Mund.
ARCHIBALD: *(Er unterbricht sein tonloses Pfeifen und sein Aufderstellegehen, um ein wütendes Gesicht zu schneiden und das folgende zu sagen)* Neger, ich krieg die Wut. Entweder wir spielen unser Spiel hier weiter, oder wir gehen ab.
VILLAGE: *(bleibt unbeirrbar und wendet sich endgültig der Maske zu)* Die zarteste Ihrer Bewegungen läßt Ihre Formen so wunderschön hervortreten, daß ich Sie vom Wind emporgetragen fühle, wenn ich mich über Ihre Schulter neige. Der Schnitt Ihrer Augen verletzt mich. Wenn Sie jetzt gehen, Madame...gehen Sie. *(Zum Publikum)* Sie kam nämlich nicht, sie ging. Sie ging in ihr Schlafzimmer...
FÉLICITÉ: *(die alte Frau nachahmend)* Meine Praline und mein Nachtgebet!
NEIGES STIMME: Ja, ja, ich bin ganz allein im Garten und reite auf dem Gartenschlauch.
BOBO: *(tut so, als käme sie zurück)* Bonsoir, Marie. Schließen Sie Ihre Tür gut ab.

VILLAGE: *(Rezitierton)* ...in ihr Schlafzimmer, wohin ich ihr folgte, um sie zu erdrosseln. *(Zu der Maske)* Vorwärts, du Schlampe. Und vergiß nicht, dich zu waschen. *(Zum Publikum)* Es mußte schnell gehen, der Hahnrei kam immer näher. *(Die Maske will sich gerade in Bewegung setzen.)* Stop! *(Zum Publikum)* Aber zunächst möchte ich Ihnen noch zeigen, was ich alles aus ihr herausholen konnte, nachdem ich sie gefangen und gezähmt hatte...

RICHTER: Und Vertu? Was für eine Rolle spielt sie eigentlich bei dem Verbrechen? *(Archibald und Bobo wenden den Kopf, Neige streckt ihren Kopf hervor, sie scheinen sehr interessiert.)*

VILLAGE: *(nachdem er eine Zeitlang gezögert hat)* Gar keine. Unablässig ist sie mir in ihrer unsterblichen Gestalt zur Seite gewesen. *(Zum Publikum)* ...Gefangen und gezähmt hatte. Denn sie besaß manche Fähigkeiten und war bei den Menschen ihrer Rasse bekannt dafür. Kommen Sie etwas näher. Machen Sie einen Kreis. *(Er tut so, als würde er zum Publikum und zugleich zu unsichtbaren Negern sprechen, die er auf der Bühne annimmt.)* Nicht zu nah. So. Ich werde also mit ihr arbeiten. *(Zur Maske)* Bist du bereit?

RICHTER: Nein, nein, benutzen Sie besser das «Sie».

VILLAGE: Legen Sie so großen Wert darauf?

RICHTER: Ja, es ist besser so. Nur keine Sorge, halten Sie Distanz.

VILLAGE: Wie Sie wollen. *(Zum Publikum)* Sie kann Klavierspielen. Und zwar sehr, sehr gut. Könnte jemand für einen Augenblick ihr Strickzeug halten, bitte? *(Er wendet sich direkt ans Publikum, bis ein Zuschauer auf die Bühne kommt und der Maske die Häkelnadel aus der Hand nimmt. Zum Zuschauer)* Vielen Dank, Monsieur (oder Madame). *(Zur Maske)* Spielen Sie uns doch eine Melodie von Charles Gounod. *(Gehorsam setzt sich die Maske auf einen unsichtbaren Hocker und spielt, Gesicht zum Publikum, auf einem unsichtbaren Klavier.)* Stop! *(Die Maske hört auf zu spielen. Der Hofstaat applaudiert.)*

KÖNIGIN: *(affektiert)* Perfekt! Perfekt! Sie war sogar fast zu perfekt. Trotz aller Widrigkeiten, mitten im Zusammenbruch: unsere Melodien werden weiterklingen.

DIENER: *(zu Village)* Was kann sie sonst noch?

VILLAGE: Wie Sie gesehen haben, strickt sie Pudelmützen für die kleinen Schornsteinfegerlein. Sonntags singt sie zum Harmonium. Sie kann beten. *(Zur Maske)* Auf die Knie! *(Sie kniet nieder.)* Hände falten! Augen zum Himmel! Gut so. Jetzt beten, los! *(Der ganze Hofstaat applaudiert mit vornehmer Zurückhaltung.)* Sie ist auch noch auf anderen Gebieten erfolgreich. Sie malt in Aquarell und spült die Gläser ab.

FELICITE: *(mit der Stimme der alten Mutter)* Marie! Maaarie! Meine Praaline, Töchterchen! 's ist an der Zeit.

VILLAGE: *(mit Frauenstimme)* Sofort, Mama, Liebe. Ich spüle nur noch die Gläser ab. *(Vortragsstimme)* Einmal ist sie sogar in Flammen aufgegangen...

HOFSTAAT: *(außer dem Missionar)* Schnell, erzählen Sie, schnell!

MISSIONAR: Haben Sie wirklich die Stirn, diese üble Affaire wieder hochzuholen?

DIENER: *(zum Missionar)* Haben Sie sie nicht inzwischen in den Himmel versetzt?

KÖNIGIN: Aber worauf wollen sie denn hinaus?

VILLAGE: Eines Tages, als sie auf ihrem tänzelnden Roß durch Wimpel und Standarten ritt, hat man sie gefangen, eingesperrt und verbrannt.

NEIGE: *(reckt ihren Kopf hervor und bricht in Gelächter aus.)* Anschließend hat man die Reste aufgefressen.

KÖNIGIN: *(mit einem durchdringenden Schrei)* Meine Heilige! *(Sie verhüllt ihr Gesicht und geht unter gewaltigem Schluchzen ab. Der Diener begleitet sie.)*

VILLAGE: Aber meistens tut sie, was sie am besten kann. Und wenn es soweit ist, ruft sie die Hebamme... *(Zu Bobo)* Du bist dran, Bobo. *(Bobo nähert sich der Maske und spricht zärtlich mit ihr.)*

BOBO: Sie sollten sich besser hinlegen, damit es nicht allzu weh tut. *(Sie horcht auf die Maske, die nichts antwortet.)* Sie haben auch ihren Stolz?...Gut. Dann bleiben Sie eben stehen. *(Sie kniet nieder, fährt mit den Händen unter die Unterröcke der Maske und holt eine ungefähr sechzig Zentimeter große Puppe hervor, die sie dem Gouverneur präsentiert.)*

GOUVERNEUR: *(zum Hofstaat)* Ich komme zur Welt, gestiefelt, gespornt und hoch dekoriert... *(Doch Bobo sucht weiter und fördert noch eine Puppe zu Tage, den Diener.)*

DIENER: Meine Fresse, das ist ja meine Fresse, was da rauskommt!... *(Bobo sucht weiter und holt den Richter hervor.)*

RICHTER: *(erstaunt)* Ich?

GOUVERNEUR: Klar, das sind Sie, aber gespuckt! *(Bobo holt den Missionar hervor.)*

MISSIONAR: Die Wege der Vorsehung sind...

KÖNIGIN: *(sehr interessiert)* Ich würde zu gerne sehen, wie ich da herauskomme... *(Bobo bringt eine Puppe zum Vorschein, die die Königin darstellt.)*

KÖNIGIN: *(erlöst)* Da, bitte sehr! Also im Stehen hat meine Mutter mich rausgeschissen! *(Die Neger haben die Puppen auf der linken Bühnenseite unter dem Balkon, auf dem der Hofstaat sich befindet, aufgestellt. Sie betrachten sie eine zeitlang, dann nehmen sie ihren Vortrag wieder auf.)*

NEIGE: *(immer noch erstarrt in einer Abgangspose, als ob sie rechts in die Kulisse treten wollte, wendet ihren Kopf zurück)* Jedenfalls hat die, die dort in der Kiste modert, wohl nie ein solches Fest erlebt. *(Der Gouverneur geht ab.)*

VILLAGE: Reden wir nicht mehr von ihr. *(Zu dem Zuschauer, der die Häkelnadel gehalten hat)* Geben sie ihr das Strickzeug zurück. Danke Monsieur, Sie sind entlassen. *(Der Zuschauer geht an seinen Platz zurück. Zur Maske)* Und jetzt geht's weiter. Vorwärts, Madame... *(Sehr langsam setzt sich die Maske in Bewegung, und zwar in Richtung Paravent rechts.)* Gehen Sie! Sie besitzen heute abend den schönsten Gang im ganzen Königreich. *(Zum Publikum)* Wie Sie sehen, ist der Ehemann zu spät gekommen. Er wird nur noch die Leiche seiner Frau vorfinden, aufgeschlitzt, aber noch warm. *(Zur Maske, die stehengeblieben war, aber ihren Gang wieder aufnimmt)* Sie ziehen an Ihren Röcken nicht mehr nur einen Neger hinter sich her, sondern eine ganze Sklavenkarawane, der die Zunge aus dem Hals hängt. Gehen Sie nur weiter. Sie glauben vielleicht, weil Sie mir ein Glas Rum spendiert haben...Von wegen, Schlampe! Ziehen Sie mich mit dorthin, wo Ihre Spitzen sind... *(Beide bewegen sich sehr langsam in Richtung Paravent, die Maske voraus, Village hinterher.)* ...Unter Ihren Kleidern tragen Sie bestimmt einen schwarzen Unterrock, der seidiger ist, als der Blick meiner Augen...

VERTU: *(auf die Knie fallend)* Village!

VILLAGE: *(zur Maske)* Gehen Sie schneller, ich habe es eilig. Den Korridor entlang. Jetzt nach rechts wenden. Gut. Sie kennen doch die Tür zu Ihrem Schlafzimmer? Öffnen Sie. Gut, wie Sie gehen! Wohlvertrauter, edler Hintern! *(Sie steigen die Stufen hoch und verschwinden gerade hinter dem Paravent. Aber bevor er der Maske folgt, wendet sich Village ans Publikum.)* Folgt mir jemand? *(Zu den Negern)* Folgt ihr mir? *(Die Neger, das heißt Archibald, Bobo und Neige, da Vertu niedergekniet bleibt, tun so, als ob sie sich hinter ihm aufstellen, indem sie leise in die Hände klatschen und mit den*

Füßen auf den Boden schlagen.) Aber wenn ich zu weit gehe, haltet mich zurück! *(Der Gouverneur kommt zurück.)*
RICHTER: Was macht die Königin?
GOUVERNEUR: Sie weint, Monsieur. Sturzbäche strömen aus ihren Augen und ergießen sich weit in die Ebenen, können sie aber leider nicht befruchten, weil sie warmes und salziges Wasser führen.
MISSIONAR: Braucht sie geistlichen Beistand?
DIENER: Ich werde sie trösten; ich habe, was sie braucht.
ALLE: *(zu Village, außer Vertu)* Wir werden dir helfen, fürchte nichts. Geh du nur weiter.
VILLAGE: *(flehentlich)* Was ist, Neger, wenn ich mich nicht mehr zurückhalten kann?
ALLE: *(außer Vertu)* Los! Geh!
BOBO: Ihr Diener hat es dir vorgemacht. Er ist schon bei der Königin.
VILLAGE: *(beugt ein Knie)* Neger, ich bitte euch...
BOBO: *(lachend)* Immer rein in die Bude, du Faulpelz!
NEIGE: *(kniet nieder)* Laß die Sturzbäche schnellen. Zuerst dein Sperma, dann ihr Blut. *(Sie formt eine Muschel mit ihren Händen.)* Ich werde es trinken, Village. Ich wasche mir damit das Kinn, den Bauch, die Schultern...
VILLAGE: *(eine weißbehandschuhte Hand — sie gehört der Maske hinter dem Paravent — legt sich auf seine Schulter und bleibt dort liegen.)* Meine Freunde, meine Freunde, ich bitte euch...
ALLE: *(wobei sie weiterhin leise mit den Händen klatschen und mit den Füßen schlagen)* Geh in das Zimmer. Sie liegt schon auf dem Bett. Sie hat ihr Strickzeug abgelegt. Sie verlangt nach deinem großen Ebenholzkörper. Sie hat die Kerze ausgeblasen. Sie läßt es schwarz und dunkel werden, damit du tun kannst, was du willst!
VILLAGE: Meine Freunde...
FÉLICITÉ: *(sich plötzlich aufrichtend)* Dahomey!...Dahomey!... Mir zu Hilfe, Neger, Ihr alle! Unter euren weißen Sonnenschirmen, ihr Herren von Tombouctou, tretet auf. Stellt euch dort hin. Ihr gold- und schlammbedeckten Stämme, steigt herauf aus meinem Leib, kommt heraus! Ihr Stämme aus Regen und Wind, zieht herauf! Ihr Fürsten der Oberen Reiche, ihr barfüßigen Fürsten in hölzernen Steigbügeln auf euren schabrackenbehangenen Pferden, kommt herbei. Reitet herein, im Galopp! Galopp! hopp! hopp! hoppla! Ihr Neger von den Teichen, die ihr den Fischen nachstellt mit

euren spitzen Schnäbeln, tretet auf. Ihr Neger von den Docks, aus den Fabriken, den Tanzdielen, ihr Neger von Renault, Neger von Citroën, auch ihr, die ihr Binsen zu Grillen- und Rosenkäfigen flechtet, tretet auf und bleibt dort stehen. Tretet auf, ihr besiegten Soldaten. Ihr siegreichen Soldaten, tretet auf. Rückt zusammen. Noch weiter zusammen. Lehnt eure Schilde gegen die Mauer. Auch ihr, die ihr die Leichen ausgrabt, um Hirn aus Schädeln zu schlürfen, tretet auf und schämt euch nicht. Ihr, Bruder-Schwester, in melancholischem Inzest ineinander vermischt, seit jeher, kommt herauf. Barbaren, Barbaren, Barbaren, kommt herbei. Ich kann euch nicht alle beschreiben, nicht einmal euch alle nennen, noch eure Tode, eure Waffen, eure Pflüge benennen, aber tretet dennoch auf. Kommt leise und sanft auf euren weißen Füßen. Weiß? Nein, schwarz. Schwarz oder weiß? Oder blau? Rot, grün, blau, weiß, rot, grün, gelb, was weiß ich, wo bin ich? Die Farben machen mich fertig... Bist du da, Afrika, mit deinem Hohlkreuz und deinen langen Schenkeln? Grollendes Afrika, in Feuer und Eisen geschmiedetes Afrika, Afrika der Millionen Königssklaven, deportiertes Afrika, abdriftender Kontinent, bist du da? Langsam löst ihr euch auf und entweicht in die Vergangenheit, in die Berichte Schiffbrüchiger, in die Kolonial-Museen, in die Arbeiten der Wissenschaftler, aber heute abend rufe ich euch herauf, um an einem geheimen Fest teilzunehmen. *(Sie schaut in sich selbst hinein.)* Ein Block aus Nacht, kompakt und böse, der seinen Atem anhält, aber seinen Geruch verströmt. Seid ihr da? Verlaßt die Bühne nicht ohne meinen Befehl. Die Zuschauer sollen euch gut sehen. Ein schweres Dösen, sichtbar fast, geht aus von euch, verbreitet sich und hypnotisiert sie. Gleich werden wir zu ihnen hinunter steigen. Doch zuvor will ich...

VILLAGE: Madame...

FÉLICITÉ: ...doch zuvor will ich euch in aller Form den Schlaffsten aller Neger vorstellen. Muß ich ihn noch beim Namen nennen? *(Zu Village)* Also vorwärts, Marsch!

VILLAGE: *(zitternd. Die Hand im weißen Handschuh liegt immer noch auf seiner Schulter)* Madame...

FÉLICITÉ: Wenn er noch länger zögert, soll er die Rolle der Toten spielen. *(Erschöpft setzt sich Félicité wieder hin.)*

VILLAGE und VERTU *(gemeinsam)* Nein!

ARCHIBALD: *(zu Village)* Gehen Sie in das Zimmer.

VILLAGE: *(singt nach der Melodie des «Dies Irae»)*

Madame...Madame...
NEIGE: *(nach dem «Dies Irae»)* Gehen Sie hinein, gehen Sie hinein... Erlösen Sie uns von dem Übel. Halleluja.
BOBO: *(Jetzt werden alle Repliken nach dieser Melodie gesungen.)* O stürzt herab, ihr meine Katarakte!
VILLAGE: Madame...Madame...
NEIGE: Ich schneie weiter Schnee auf eure Flur,
Ich schneie weiter Schnee auf eure Gräber.
Und bring euch sanft zur Ruh...
VERTU: Sturmwarnung! Die Nordwinde kommen
Sie sollen ihn auf die Schultern nehmen
Alle Pferde sind los.
VILLAGE: *(immer noch auf den Knien, neigt sich zurück und verschwindet, wie von der Hand im weißen Handschuh gezogen, hinter dem Paravent, wo sich die Maske schon befindet)*
Madame...Madame...
[NEIGE: Verwickelt sie in ihren Unterrock
O ihr Winde der Panik]
VERTU: Und du, Abenddämmerung
Webe den Mantel, der ihn verbirgt.
NEIGE: Hauch' sanft deinen Atem, dein Leben aus,
Vergehe, Notre-Dame der Pelikane,
Du niedliche Möwe, sei höflich,
Sei galant, Und laß dich foltern...
[HOFSTAAT: *(Nach einer sehr kriegerischen Melodie gesungen)*
Eins, zwei, drei, vier, fünf!
Eins, zwei, drei, vier, fünf!
Eins, zwei, drei, vier, fünf!
Eins, zwei, drei, vier, fünf!
Sechs!]
VERTU: Hüllt euch in Trauer, ihr hohen Wälder
Damit er heimlich in euch hineinschlüpfen kann
Und du, weißer Staub
Zieh ihm über seine großen Füße
Ein paar Schuhe mit hohem Rand.
[NEIGE: Räkeln Sie sich auf seinem Pullover
Den Ellenbogen auf seinem Taschentuch
Sie werden den Tag nicht mehr erleben...]
RICHTER *(zum Gouverneur, der mit seinem Fernglas betrachtet, was hinter dem Paravent vor sich geht)* Was können Sie erkennen?
GOUVERNEUR: Nur das Übliche. *(Er lacht.)* Die Frau gibt auf und unterliegt. Man kann sagen, was man will, aber ficken können diese Kerle.

MISSIONAR: Sie vergessen sich, mein lieber Gouverneur.
GOUVERNEUR: Verzeihung. Ich will damit sagen: das Fleisch ist schwach. Das ist ein Naturgesetz.
RICHTER: Aber was machen sie genau? Beschreiben Sie doch.
GOUVERNEUR: Zunächst wäscht er sich die Hände...trocknet sie ab...sehr sauber, diese Leute. Das habe ich schon immer festgestellt. Als ich Leutnant war, hat meine Ordonnanz...
RICHTER: Was macht er noch?
GOUVERNEUR: Er lächelt...holt sein Päckchen Gitanes hervor... zack! Jetzt hat er die Kerze ausgeblasen.
RICHTER: Das darf doch nicht wahr sein.
GOUVERNEUR: Nehmen Sie doch das Fernglas oder besser eine Laterne, und gehen Sie selber hin. *(Der Richter zuckt die Achseln.)*
[VERTU: Und du, mein zartes Bienchen
O goldenes Bienchen, du mein Augenstern
Dein Flug führt ihn mir geradewegs ins Herz...
NEIGE: *(aufheulend)* Du Lügnerin!
VERTU: Ich habe nur die Wahrheit gesagt.
NEIGE: Ausgerechnet jetzt, wo er uns mit aller Bleichheit der Welt betrügt.
ARCHIBALD: Mesdames, Ruhe bitte!
NEIGE: Sie ist schuld! Sie hat die Worte vertauscht und ihr habt es gar nicht bemerkt. Sie hat ein Liebeslied gesungen!
VERTU: Ich werde wohl noch etwas erfinden dürfen. Neger improvisieren eben. Auch habe ich nicht nur für mich, sondern im Namen meiner ganzen verliebten Rasse gesprochen, und auch nicht von Village, von einem Mann allein, sondern von...
NEIGE: Von wem?]
ARCHIBALD *(Er bemerkt plötzlich, daß Ville de Saint-Nazaire anwesend ist, der sehr langsam aufgetreten war, während Félicité ihre große Tirade sprach.)*
Sie! Ich hatte Ihnen doch gesagt, nur zurückzukommen, um uns Bescheid zu sagen, wenn alles vorüber ist. Also, ist es soweit? Ist es geschehen?
(Zum Hofstaat gewandt, dessen Personen alle gerade mit der Hand zum Gesicht gegriffen haben, brüllt er)
Behalten Sie Ihre Masken auf!
VILLE DE SAINT-NAZAIRE: Noch nicht ganz. Er verteidigt sich, so gut er kann. Aber es gilt als sicher, daß er hingerichtet wird.
ARCHIBALD: *(Er hat die Stimme gewechselt, anstatt zu deklamieren, spricht er jetzt in natürlichem Ton)*

Es wird ziemlichen Lärm machen, wenn der Schuß fällt. *(Pause)* Seid ihr sicher, daß er schuldig ist? Und vor allem, daß er der Schuldige ist, den wir suchen?
VILLE DE SAINT-NAZAIRE: *(etwas ironisch)* Sollten Ihnen plötzlich Zweifel gekommen sein?
ARCHIBALD: Bedenken Sie doch: Es handelt sich darum, über einen Neger Gericht zu halten, ihn vielleicht zu verurteilen und hinzurichten. Das ist ein schwerwiegendes Problem. Es handelt sich dabei nicht mehr um ein Spiel. Der Mann, den wir in der Hand haben und für den wir verantwortlich sind, ist ein lebendiger Mensch. Er bewegt sich, kaut, hustet, zittert, und in wenigen Augenblicken wird er getötet.
VILLE DE SAINT-NAZAIRE: Das ist gewiß sehr hart, doch wenn wir auch vor denen da *(er zeigt ins Publikum)* Komödie spielen können, unter uns dürfen wir es nicht mehr. Wir müssen uns daran gewöhnen, Verantwortung zu übernehmen — auch für Blutvergießen, für das Vergießen unseres Blutes. Das moralische Gewicht...
ARCHIBALD: Du kannst nicht aus der Welt schaffen, wie ich dir schon gesagt habe, daß es sich dabei um lebendiges, warmes, weichfließendes, dampfendes Blut handelt, um Blut, das blutet...
VILLE DE SAINT-NAZAIRE: Ach so, dann ist diese Komödie, die wir hier spielen, für euch nur eine nette Zerstreuung gewesen? [Sie sollte gar nicht ins Detail gehen, um zur Sache zu kommen...]
ARCHIBALD: *(ihn unterbrechend)* Sei still. *(Pause.)* Er wird also hingerichtet?
VILLE DE SAINT-NAZAIRE: Ja.
ARCHIBALD: Gut. Geh zu ihnen zurück.
VILLE DE SAINT-NAZAIRE: Ich möchte dringend hierbleiben. Es ist sowieso zu spät. Lassen Sie mich bis zum bittren Ende gehen. Und zwar hier.
ARCHIBALD: Also...dann bleiben Sie. *(Zu den Negerinnen)* Und Sie sind jetzt still. Village müht sich ab für uns. Helfen Sie ihm schweigend, aber helfen Sie ihm.
[Zestampft den Mais, wenn der Mann auf der Jagd ist. Helft Village! Wenn er sich befreit, befreit er uns.]
(Der Diener tritt auf.)
GOUVERNEUR: Was macht die Königin?
DIENER: Sie weint die ganze Zeit. Die warmen Regengüsse im September.
[RICHTER: Weiß sie, was vorgeht?

DIENER: Die Neger brüllen ja laut genug.]
GOUVERNEUR: Und...was hat sie gesagt?
DIENER: Retten Sie wenigstens das Kind! Und die Mutter soll man zuvorkommend empfangen. Sie hat zwar einen Fehltritt begangen, aber immerhin ist sie eine Weiße.
(Ein sehr langes Schweigen.)
VERTU: *(ängstlich)* Er kommt nicht wieder.
BOBO: *(halblaut)* So schnell geht das nicht. Erstens ist es sehr weit bis dahin.
VERTU: Wieso sehr weit? Er ist doch hinter dem Paravent.
BOBO: *(immer noch halblaut und leicht gereizt)* Natürlich. Aber gleichzeitig müssen sie auch woanders hingehen. Das Zimmer durchqueren, durch den Garten gehen, einen Nußbaumpfad einschlagen, der nach links abbiegt, Brombeerranken beiseite biegen, Salz vor sich auf den Weg streuen, Stiefel anziehen, einen Wald betreten... Es ist Nacht. In der Tiefe des Waldes...
GOUVERNEUR: Messieurs, es ist soweit, wir müssen uns fertigmachen. Wecken Sie die Königin. Wir müssen gehen, um sie zu züchtigen, um sie zu richten, und die Reise wird lang und beschwerlich sein.
MISSIONAR: Dann brauche ich ein Pferd.
DIENER: Ist alles vorgesehen, Exzellenz.
BOBO: *(fortfahrend)* ...in der Tiefe des Waldes die Tür zum unterirdischen Gewölbe suchen, den Schlüssel finden, die Stufen hinabsteigen...die Grube graben...dann fliehen. Ob der Mond wohl gewartet hat? Das braucht alles seine Zeit. Bei Ihnen ist es doch genauso, wenn Sie mit dem Herrn, der gerade vom Begräbnis seiner Frau kommt, nach oben gehen.
VERTU: *(trocken)* Sie haben Recht, meine Arbeit tue ich gewissenhaft. Aber Village hätte die Szene doch vor unseren Augen darstellen können.
BOBO: Die griechische Tragödie und ihre Schamhaftigkeit, meine Beste: der entscheidende Akt vollzieht sich in der Kulisse.
(Archibald bedroht sie gereizt mit einer Handbewegung und zeigt auf den zurückkehrenden Village. Ziemlich langes Schweigen, dann tritt langsam Village auf, sein Hemdkragen ist offen. Alle umringen ihn.)
ARCHIBALD: Fertig? Sie haben hoffentlich nicht allzuviel Mühe gehabt?
VILLAGE: Wie üblich.
NEIGE: Es ist doch nichts geschehen, oder?
VILLAGE: Gar nichts. Oder, wenn Sie so wollen, alles geschah

wie üblich und genau wie es sich gehört. Als ich hinter den Paravent kam, hat Diouf mir freundlicherweise einen Sitzplatz angeboten.

NEIGE: Und dann?

VILLE DE SAINT-NAZAIRE: Nichts weiter. Sie haben in der Kulisse auf einer Bank gewartet und sich amüsiert angegrinst.

VILLAGE: *(Ville de Saint-Nazaire bemerkend)* Sie sind wieder da? Sie sollten doch noch draußen bei den andern sein...

VILLE DE SAINT-NAZAIRE: Ich dachte, heute abend sollte sich durch Sie alles ändern? Und diese Vorstellung sollte die letzte sein?

VILLAGE: *(irritiert)* Ich habe getan, was ich konnte. Und Sie? Und die andern da draußen?

VILLE DE SAINT-NAZAIRE: Was die machen, geht Sie nichts an. Sie allein haben Rechenschaft zu fordern. Doch...Sie haben gut daran getan, den Ritus wie jeden Abend zu vollziehen. So ist es eben an mir, die Vorstellung zu Ende zu bringen.

ARCHIBALD: Etwas Neues gibt es nicht, zumindest nicht in der Zeremonie.

VILLE DE SAINT-NAZAIRE: *(voll Zorn)* Sie wollen sie also ewig wiederholen? Sie bis zum Tod unserer Rasse fortsetzen? Solange sich die Erde um die Sonne dreht, die ihrerseits sich auf direktem Wege bis zu den Grenzen Gottes entfernt, werden Neger also heimlich im stillen Kämmerlein...

BOBO: Von Haß erfüllt sein! Jawohl, Monsieur.

RICHTER: *(zum Hofstaat)* Ich glaube, wir haben keine Zeit mehr zu verlieren.

(Man hört ein Lied — ein gesungenes Chanson, wie ein feierlicher Marsch. Dann erscheint die Königin, die Diouf, in seinen zerfetzten Lumpen und maskiert, herein geleitet.)

KÖNIGIN: Hier ist sie, die wir mit unserem Abstieg rächen müssen.

NEIGE: Da ist Diouf!

KÖNIGIN: *(zu Diouf)* Das muß eine beschwerliche Reise gewesen sein, meine arme Kleine. Endlich haben Sie Ihre richtige Familie gefunden. Von hier oben können Sie sie besser beobachten.

MISSIONAR: Nach unserer Rückkehr wollen wir versuchen, sie selig sprechen zu lassen.

DIENER: Eine Bomben-Idee! Ihre Majestät wird sie adoptieren, nicht wahr, mein Schatz?

KÖNIGIN: Das will wohlüberlegt sein, eine sehr delikate Sache. Schließlich ist sie befleckt worden, trotz körperlicher Gegenwehr, will ich hoffen; dennoch bleibt die Gefahr, daß sie

zum Mahnmal unserer Schande wird. *(Nach kurzem Zögern)* Die Idee jedenfalls ist festzuhalten. *(Zum Richter)* Was wird da unten getrieben?
RICHTER: *(schaut durch das Glas des Gouverneurs)* Man ist verrückt vor Wut, vor Raserei, und in einer gewissen Verwirrung.
KÖNIGIN: Was spricht man so?
RICHTER: Man ist sprachlos vor Bestürzung.
KÖNIGIN: Aber... was geht denn so Seltsames und Einzigartiges vor? Schneit es etwa über dem Regenwald?
RICHTER: Madame... Es könnte sein, daß gerade ein Verbrechen geschieht.
KÖNIGIN: Zweifellos...
RICHTER: Nein, ein anderes. Über das auch woanders geurteilt wird.
KÖNIGIN: Aber was können wir da tun? Es verhindern? Oder es uns zunutze machen?
(Der ganze Hofstaat neigt sich nach vorn.)
VILLAGE: *(zu Archibald)* Kommen sie hierher, Monsieur? Kommen sie hierher, um uns zu richten, uns zu wägen? *(Village zittert.)*
ARCHIBALD: *(legt seine Hand auf Villages Schulter)* Hab keine Angst. Es ist alles nur Theater.
VILLAGE: *(beharrlich)* Uns abzuwägen? Mit ihren Waagen aus Gold und Rubin? Und meinen Sie, daß sie mich Vertu werden lieben lassen, wenn sie in den Tod abgehen — oder vielmehr, daß Vertu mich dann lieben kann?
[VILLE DE SAINT-NAZAIRE: Du hast Angst? Ihr hättet euch nicht als Schauspieler ausgeben sollen.
ARCHIBALD: Das war nur ehrlich. Hauptsächlich haben wir uns als Neger ausgegeben.]
VILLE DE SAINT-NAZAIRE: *(lächelnd aber scharf)* Habt ihr nicht mal versucht, sie zu Negern zu machen? Ihnen Bambara-Nasenlöcher und -Lippen aufzupfropfen? Ihnen die Haare zu kräuseln? Sie in die Sklaverei zu führen?
MISSIONAR: *(brüllend)* Vorwärts! Marsch! Und keine Minute mehr verloren! *(Zum Diener)* Kümmern Sie sich um den Mantel, die Stiefel, ein Kilo Kirschen und das Pferd Ihrer Majestät. *(Zur Königin)* Madame, wir müssen aufbrechen. Es wird ein langer Weg. *(Zum Gouverneur)* Haben Sie die Regenschirme?
GOUVERNEUR: *(beleidigt)* Fragen Sie doch Joseph.
(zum Diener) Hast du die Feldflasche dabei?

DIENER: Beim Aufstehen erhielt ich von der Königin den Ritterschlag und ein Adelsdiplom. Ich bitte, das nicht zu vergessen. Im übrigen habe ich hier die Regenschirme und die Chinin-Tabletten. Hier habe ich auch die Feldflasche mit Rum, und zwar voll bis oben hin. Denn es wird heiß werden.
MISSIONAR: Auf dem Marsch sind Getränke von mir ausdrücklich gestattet, um die Müdigkeit zu überlisten, auch soll man eine Palestrina-Messe anstimmen. Alle Mann bereit? Also dann... Vorwärts, Marsch!

(Der ganze Hofstaat verschwindet von der Estrade, auf der Diouf, immer noch maskiert, allein zurückbleibt. Zuerst zögert er, dann nähert er sich schüchtern der Balustrade und schaut nach unten.
Vier bis fünf Minuten lang wird der Hofstaat in der Kulisse verschwunden bleiben. Unten haben sich die Neger auf der linken Seite zu einer Gruppe formiert. Vor dieser Gruppe steht Ville de Saint-Nazaire. Alle warten sie ängstlich. Schließlich hebt Bobo den Kopf. Sie bemerkt Diouf, der über die Balustrade gelehnt ist und sie betrachtet.)

BOBO: Sind Sie es? Monsieur Diouf?
(Alle Neger heben den Kopf und schauen zu Diouf, der, weil er immer noch maskiert ist, mit dem Kopf Zeichen gibt: «Ja».) Monsieur Diouf, Sie erleben einen seltsamen Tod. Geht es Ihnen gut, da oben?
DIOUF: *(nimmt seine Maske ab)* Hier herrscht so ein merkwürdiges Licht.
BOBO: Sagen Sie, Herr Generalvikar, was sehen Sie von dort oben? Antworten Sie, Diouf. Was ist das für ein Gefühl, wenn man mit den Augen der Könige schaut? Was sehen Sie von der Höhe ihrer blauen Augen aus, von der Höhe dieser Aussichtsterrassen herab, was?
DIOUF: *(Er zögert.)* Ich sehe Sie — Verzeihung, uns — folgendermaßen: ich bin hier oben und nicht dort unten. Und vielleicht habe ich das Gesicht Gottes.
BOBO: Sind Sie eine Weiße?
DIOUF: Zunächst muß ich euch mitteilen, daß sie lügen, oder sich täuschen: Sie sind nämlich nicht weiß, sondern rosa oder gelblich...
BOBO: Sie sind also eine Rose?
DIOUF: Ja, das bin ich. Ich bewege mich hier oben in einem Licht, das von unseren Gesichtern ausgeht und von einem

zum anderen zurückgeworfen wird. Wir, das heißt ihr, wir ersticken fortwährend in einer schweren Luft. Aber all das begann, als ich eure Welt verlassen mußte. Verzweiflung höhlte mich aus. Doch eure Beleidigungen und Huldigungen haben mich nach und nach begeistert. Ein neues Leben drang in mich ein. Ich fühlte Villages Begierde. Wie rauh seine Stimme war! Und sein Blick! Demütig und überwältigend. Augenblicklich wurde ich schwanger von dem, was er tat.

BOBO: Sind Sie stolz?

DIOUF: Stolz, nein. Ich verstehe nicht mehr, was uns so beschäftigt. Neue Beziehungen bilden sich zu den Dingen heraus, und diese Dinge werden notwendig. *(Nachdenklich)* Das ist in der Tat eine sonderbare neue Errungenschaft, diese Notwendigkeit. Ihre Harmonie hat mich glatt überwältigt. Denn ich hatte das Reich der Willkür verlassen, in dem ich euch gestikulieren sah. Sogar jenen Haß, den wir gegen sie im Herzen tragen und der ihnen entgegensteigt, konnte ich nicht mehr empfinden. Zum Beispiel habe ich gelernt, daß sie die Fähigkeit haben, wahrhafte Dramen aufzuführen und sogar daran zu glauben.

VILLE DE SAINT-NAZAIRE: *(ironisch)* Sie trauern dieser Toten-Zeit nach, nicht wahr?

ARCHIBALD: Jeder Schauspieler weiß, daß zu einer festgesetzten Stunde der Vorhang fallen wird. Und daß er fast immer einen Toten oder eine Tote zu verkörpern hat: Phaedra, Don Giovanni, Antigone, die Kameliendame, den Doktor Schweitzer...

[DIOUF: Wir wissen es alle: das einzige Ereignis, das uns aus diesem Spiel der Spiegelungen reißen könnte, wäre Blutvergießen.]

(Langes Schweigen. — Man hört das Geräusch von Schritten in der Kulisse. Diouf, außer sich vor Schreck, setzt seine Maske wieder auf. Die anderen Neger scheinen Angst zu bekommen. Sie drängen sich alle zusammen mit Madame Félicité auf die linke Bühnenhälfte unter den Balkon, auf dem der Hofstaat zu erscheinen pflegte. Das Getrampel und der Lärm werden immer deutlicher. Schließlich kommt, als ob er rückwärts einen Weg herabsteigt, als erster der Diener aus der Kulisse rechts. Er rülpst und torkelt. Offenbar ist er betrunken.)

DIENER: *(zur Kulisse gewandt, rülpst)* Aufgepaßt! Daß der Klepper nicht stolpert! Die Königin *(er rülpst)* darf nicht auf einem lahmen Roß daherkommen. Oh, Achtung, Weihbischof, sonst bleibt die Mantelschleppe der Königin und auch Ihr *(er rülpst)* weißer *(er rülpst)* purpurroter Unterrock an den Kakteen hängen. Großer Gott, was für ein Staub! Die ganze Fresse voll! Aber Sie... *(er rülpst)* Sie schmückt das ungemein! Vorsicht... Achtung... da lang... da lang... *(Er macht eine Handbewegung, als ob er den einzuschlagenden Weg weisen würde. — Schließlich erscheinen, ebenfalls rückwärts, der Gouverneur, der Missionar, der Richter und dann, Gesicht nach vorn, die Königin. Sie scheint sehr erschöpft, wie nach einer sehr langen Reise. Alle sind betrunken.)*

KÖNIGIN: *(vorsichtig näherkommend, aber schwankend schaut sie sich um)* Dieser Staub! Die ganze Fresse voll, aber Sie schmückt das ungemein! *(Sie rülpst und bricht in Gelächter aus.)* Da sehen Sie, wohin uns das führt, wenn man seinen Haudegen unter die Sonnen der Kolonien folgt. *(Sie schüttelt die leere Feldflasche und wirft sie weg.)* Und kein Tropfen mehr zu trinken. *(Sie rülpst. Plötzlich feierlich, nobel)* Hiermit setze ich den Fuß auf meine überseeischen Besitzungen. *(Sie lacht.)*

GOUVERNEUR: *(nach jedem Wort einen Schluckauf)* Gehen Sie nicht weiter. Besonnenheit, Umsicht, Rätsel. Überall Sümpfe, Wasserlöcher, Pfeile, Raubkatzen... *(Zuerst ganz leise, dann immer lauter, lassen die Neger, kaum sichtbar unter dem Balkon versteckt, die Geräusche des Urwaldes hören: Kröte, Eule, ein Pfiff, ganz leises Löwenbrüllen, Geräusche brechender Zweige, Windesrauschen.)* ...Hier legen die Schlangen durch die Haut auf der Bauchseite Eier, aus denen Kinder mit geborstenen Augen schlüpfen... die Ameisen durchlöchern euch mit Essig oder spitzen Pfeilen... die Lianen verlieben sich in euch, küssen euch auf den Mund und fressen euch auf... Hier wogen die Felsen... das Wasser ist trocken... der Wind ist ein Wolkenkratzer und überall Lepra, Hexerei, Gefahren, Irrsinn...

KÖNIGIN: *(entzückt)* Und Blumen!

RICHTER: *(Schluckauf)* Giftig, Madame, giftig. Todbringend. Krank. Zuviel Tafia geschluckt. Bleierner Himmel, Madame. Unsere Pioniere haben versucht, den Kohl in unseren Gärten damit zu pfropfen, die holländische Pfingstrose, den Bocksbart: aber unsere Pflanzen gingen ein, von den Tropengewächsen ermordet.

(Die Neger lachen ganz leise ihr orchestriertes Lachen. Dann

beginnen sie wieder die Geräusche von brechenden Zweigen, Schreie, Miauen...)
KÖNIGIN: Das habe ich mir fast gedacht. Sogar ihre Botanik ist bösartig. Gottseidank haben wir unsere Konserven.
GOUVERNEUR: Und Energie-Reserven. Immer frische Truppen.
KÖNIGIN: *(zum Gouverneur)* Sagen Sie ihnen, daß ihre Herrscherin mit dem Herzen immer bei ihnen ist... und... und das Gold... die Smaragde... Kupfer... Perlmutt?
MISSIONAR: *(legt den Finger auf den Mund)* An sicherem Ort. Man wird es Ihnen zeigen. Kiloweise. Lawinenartig. Becherweise.
KÖNIGIN: *(immer weiter vorrückend)* Wenn es möglich wäre, möchte ich gern, bevor die Sonne hinter den Bergen versinkt, in ein Bergwerk hinuntersteigen und auf dem See rudern. *(Plötzlich bemerkt sie den schlotternden Diener)* Was ist? Angst?
DIENER: Das Fieber, Madame.
KÖNIGIN: *(schüttelt den Diener)* Fieber? Fieber oder Alkohol? Du allein hast mehr als die Hälfte unseres Vorrats ausgetrunken.
DIENER: Um besser und lauter singen zu können. Ich habe sogar getanzt.
KÖNIGIN: *(zum Missionar)* O ja, die Tänze? Wo bleiben die Tänze?
MISSIONAR: Sie finden nur nachts statt...
KÖNIGIN: Also bringe man die Nacht!
GOUVERNEUR: Sie kommt sofort, Madame! Im Gleichschritt, Marsch! Eins, zwei!... Eins, zwei!... *(Die Geräusche, die die Neger machen, werden immer lauter.)*
MISSIONAR: *(ängstlich)* Die Tänze finden nur nachts statt. Und alle werden sie zu unserem Verderben getanzt. Gehen Sie nicht weiter. Dies ist ein furchterregendes Land. Jeder Busch birgt das Grab eines Missionars...
(Er rülpst.)
GOUVERNEUR: Und das eines Offiziers! *(Er streckt den Arm aus.)* Hier im Norden, dort im Osten, Westen, Süden. An all diesen Küsten, am Flußufer, in den Ebenen sind unsere Soldaten gefallen, gehen Sie nicht näher heran, das ist ein Wasserloch... *(Er hält die Königin zurück.)*
RICHTER: *(streng)* Das Klima ist keine Entschuldigung dafür, sich gehen zu lassen. Ich habe nichts von meinem Dünkel und meinem Hochmut verloren: Schließlich habe ich mich auf den Weg gemacht, um ein Verbrechen zu bestrafen. Al-

so, wo sind die Neger, Herr Gouverneur? *(Die Neger lachen, nur etwas höher, das gleiche Lachen, aber ganz leise, fast nur ein Murmeln. Und immer wieder dieselben Geräusche von Blättern, Wind, Gebrüll, das an den Urwald erinnert.)*
KÖNIGIN: *(sinkt dem Gouverneur in die Arme)* Haben Sie das gehört? *(Alle lauschen.)* Und... und... wenn sie... wenn sie nun wirklich schwarz sind? Und sogar richtig lebendig?
MISSIONAR: Haben Sie keine Angst, Madame, das würden sie nicht wagen... Ein sanftes Morgenrot umhüllt Sie und das hält sie in Schach.
KÖNIGIN: *(zitternd)* Glauben Sie wirklich? Ich habe doch nichts Böses getan, nicht wahr? Gewiß, meine Soldaten haben sich gelegentlich in ihrer Begeisterung hinreißen lassen...
GOUVERNEUR: Madame, hier befehle ich: und dies ist nicht der Augenblick, uns den Prozeß zu machen. Sie stehen unter meinem Schutz.
DIENER: Und ich bin der Garant für die Wohltaten, die wir ihnen bringen: schließlich habe ich in einem Vers, der noch immer berühmt ist, ihre Schönheit besungen... *(Die Neger sind ganz langsam nach vorne gekommen. Der Hofstaat bleibt jäh stehen. Dann weicht er, so langsam, wie die Neger vorrücken, zurück, sodaß er rechts, an der Stelle, wo er aufgetreten ist, auf der anderen Seite, den Negern gegenüber, zum Stehen kommt.)*
FÉLICITÉ: *(zu den Negern)* Das Morgenrot ist angebrochen! Sie sind dran, Absalom!
ARCHIBALD: *(den Hahn nachmachend)* Kikeriki!
FÉLICITÉ: *(weiter zu den Negern)* Das Morgenrot ist angebrochen, Messieurs. Wir haben uns absichtlich schuldig gemacht, also stellen wir uns zur Verfügung. Laßt uns mit Umsicht und Zurückhaltung handeln und sprechen.
GOUVERNEUR: *(zum Diener)* Ich will nachsehen, ob uns eine Rückzugsmöglichkeit bleibt. *(Er geht rechts in die Kulisse ab, kommt aber sogleich wieder zurück.)* Madame, hinter uns hat sich der Dschungel wieder geschlossen.
KÖNIGIN: *(entsetzt)* Aber wir sind doch hoffentlich in Frankreich?
GOUVERNEUR: Madame, alle Fensterläden sind geschlossen, die Hunde bissig, die Leitungen durchschnitten, die Nacht eiskalt: Das war eine Falle, sollen wir dagegen halten? Das Morgenrot ist angebrochen! *(Zum Diener)* Los, Sie sind dran.
DIENER: Kikeriki!

KÖNIGIN: *(niedergeschlagen)* Ja, das ist das Morgenrot, und wir stehen ihnen gegenüber. Und sie sind schwarz, wie in meinen schlimmsten Träumen.

RICHTER: Errichtet das Tribunal!

MISSIONAR: *(zum Diener)* Da, den Thronsessel! Und hören Sie mit diesem lächerlichen Gezittere auf. *(Der Diener bringt den vergoldeten Sessel von Félicité herbei. Die Königin setzt sich darauf. — Die Neger machen einen Schritt nach vorn und bleiben reglos stehen. Ville de Saint-Nazaire löst sich von der Gruppe und zieht das Katafalktuch weg, das über zwei Stühle gespannt war.)*

KÖNIGIN: Da, meine Stühle!

DIENER: Da waren sie also! Und ich habe sie überall gesucht, sogar unter Ihren Röcken, Herr Missionar! *(Der Diener holt die beiden Stühle, der Gouverneur und der Missionar setzen sich darauf. Doch vorher verbeugt sich der Hofstaat feierlich, um die Neger zu begrüßen, die ihrerseits genauso den Hofstaat begrüßen. Die Puppen, die den Hofstaat darstellen, bleiben die ganze Zeit bis zum Fallen des Vorhangs auf einer Art Sockel auf der linken Bühnenseite stehen.)*

DIOUF: Und ich habe gedacht, ich läge in der Kiste eingesperrt!

RICHTER: Das Gericht hat Platz genommen. *(Zu den Negern)* Legt euch auf den Boden. Ihr kommt auf dem Bauch angekrochen.

ARCHIBALD: *(zum Hofstaat)* Das ist überholt, Monsieur. Wenn Sie gestatten, hocken wir uns hin und hören Ihnen zu.

RICHTER: *(nachdem er sich durch Blicke mit dem Hofstaat verständigt hat)* Stattgegeben.

ARCHIBALD: *(zu den Negern)* Hockt euch hin. *(Die Neger hocken sich nieder. Zum Richter)* Dürfen wir heulen?

RICHTER: Wenn ihr Wert darauf legt. *(Mit donnernder Stimme)* Aber zuerst sollt ihr zittern! *(Alle Neger zittern im Gleichtakt.)* Stärker! Zittern, los, schüttelt euch. Keine Angst, die Kokosnüsse, die an euren Zweigen hängen, werden dadurch nicht herunterpurzeln. Zittern sollt ihr, Neger! *(Die Neger zittern alle gemeinsam immer stärker.)* Genug! Es reicht... Gehen wir zunächst über eure Frechheiten hinweg. Sie werden uns nur noch unerbittlicher stimmen. Wir haben folgende Rechnung aufgemacht: Obwohl uns der Körper weder einer Weißen, noch der eines Weißen fehlt, hat Gott uns doch wissen lassen, daß da eine Seele überzählig sei. Was hat das zu bedeuten?

ARCHIBALD: Tja, was hat das zu bedeuten?

MISSIONAR: *(zum Richter)* Seien Sie auf der Hut. Sie sind gerissen, durchtrieben, heimtückisch. Sie haben Spaß an Prozessen und theologischen Diskussionen, sie haben einen geheimen Telegraph, der Berge und Täler überspannt.
RICHTER: *(zu Archibald)* Ich klage nicht Afrika als Ganzes an, das wäre ungerecht und beleidigend. *(Königin, Diener, Missionar, Gouverneur applaudieren.)*
KÖNIGIN: Bravo. Schön und nobel geantwortet.
RICHTER: *(verschlagen)* Nein, nicht ganz Afrika ist für den Tod einer Weißen verantwortlich, dennoch, das muß wohl zugegeben werden, ist einer von euch schuldig, und wir haben diese Reise unternommen, um ihn zu richten. Nach unserem Gesetzbuch, wohlgemerkt. Er hat aus Haß getötet, aus Haß gegen die Farbe Weiß. Das heißt soviel wie: unsere ganze Rasse töten, und uns töten bis in alle Ewigkeit. In der Kiste war gar niemand drin, können Sie uns sagen, warum?
ARCHIBALD: *(betrübt)* Tja, Herr Richter, es gab nicht mal eine Kiste.
GOUVERNEUR: Keine Kiste? Nicht mal eine Kiste? Sie töten uns, ohne uns zu töten, und sperren uns in nicht mal eine Kiste!
MISSIONAR: Nach diesem Trick sollen sie noch mal behaupten, sie würden nicht mogeln. Sie haben uns eine Komödie vorgespielt. *(Zum Diener)* Lachen Sie nicht! Sie sehen doch, was die aus uns machen.
RICHTER: *(zu den Negern)* Nach Ihrer Version gab es also gar kein Verbrechen, da keine Leiche, und keinen Schuldigen, da kein Verbrechen. Aber daß ihr euch ja nicht täuscht: einen Toten, zwei Tote, ein Bataillon, ja einen ganzen Massenaufstand von Toten können wir verschmerzen, wenn wir nur zu unserer Rache kommen; aber keinen Toten nicht, das könnte uns töten. *(Zu Archibald)* Ihr wollt doch unseren Tod?
ARCHIBALD: Wir sind Schauspieler und haben einen Abend zu Ihrer Unterhaltung veranstaltet. Wir haben ausgesucht, was aus unserem Leben Sie wohl interessieren könnte; leider haben wir nichts Großartiges gefunden.
MISSIONAR: Man hat ihnen mit ihren kohlschwarzen Leibern gestattet, Vornamen aus dem Gregorianischen Kalender zu tragen. Damit hat alles angefangen.
DIENER: *(hinterlistig)* Schauen Sie seinen Mund an und Sie werden wohl erkennen, daß ihre Schönheit der unseren ebenbürtig ist. Ermöglichen Sie es doch, Majestät, daß diese Schönheit fortdauern kann...
RICHTER: *(ihn unterbrechend)* Damit Sie Ihr Vergnügen haben?

Ich dagegen muß hier einen Schuldigen suchen und aburteilen.
GOUVERNEUR: *(sofort anschließend)* Und ich richte ihn sofort hin: eine Kugel in den Kopf und eine in die Knie, Ströme von Speichel, andalusische Dolche, Bajonette, Korken-Revolver, Gifte unserer Medici...
RICHTER: Er wird sich nicht herauswinden können. Ich habe eindeutige Texte, kenntnisreiche, präzise Kommentare.
GOUVERNEUR: Aufplatzen des Unterleibs, Aussetzen im Ewigen Eis unserer unbezwungenen Gletscher, korsischer Stutzen, amerikanischer Schlagring, Guillotine, Schlinge, Schuhe, Krätze, Epilepsie...
RICHTER: Artikel 280 - 8.927 — 17 — 18 — 16 — 4 — 3 — 2 — 1 — 0.
GOUVERNEUR: Tritt in den Arsch, Tod den Ratten, Tod den Bullen, total durchgedreht, aufrechter Tod, Tod auf Knien, liegender Tod, Bürger-Tod, Keuchhusten, Schierlingsbecher!...
MISSIONAR: Ruhe, Messieurs. Das Monstrum kann uns nicht mehr entwischen. Aber zuvor will ich es noch taufen. Denn es handelt sich hier um die Exekution eines Menschen, und nicht um das Schlachten von Vieh. Und wenn Ihre Majestät...
KÖNIGIN: *(mit Sanftmut)* Wie üblich. Ich übernehme die Patenschaft.
MISSIONAR: Anschließend werde ich ihm für sein Verbrechen die Absolution erteilen. Und dann, Messieurs, gehört er Ihnen. Zum Schluß werden wir beten. Aber zuerst die Taufe.
ARCHIBALD: Sie sind hier in Afrika...
KÖNIGIN: *(begeistert)* Übersee! Wendekreis des Steinbocks! Meine Inseln! Korallen!
ARCHIBALD: *(leicht irritiert)* Mit Starrsinn bringen Sie sich hier in ernste Gefahr. Seien Sie vorsichtig. Wenn Sie hier eines Ihrer Zeichen machen, könnte das Wasser unserer Seen, das Wasser unserer Flüsse, unserer Ströme, unserer Katarakte, der Saft unserer Bäume, ja sogar unser Speichel zu kochen anfangen... oder zu gefrieren.
KÖNIGIN: Im Austausch gegen ein Verbrechen haben wir Vergebung und Absolution für den Verbrecher angeboten.
VILLAGE: Madame, nehmen Sie sich in acht. Sie sind eine große Königin, und Afrika ist nicht sicher.
[Kehren Sie um, noch ist Zeit dazu. Weichen Sie zurück. Steigen Sie die Treppen wieder hinauf, gehen Sie nach Hause zurück. Glauben Sie uns, wir haben Angst, und wir zittern,

denn Sie sind schön, aber...
RICHTER: Wir haben den Vortrag angehört, und die Inbrunst eures Liedes hat uns gerührt: sogar das Weiß in euren Augen bekam dadurch etwas Schmutziges...
NEIGE: *(demütig)* Es geschah nur, um unser Lied noch mehr zur Geltung zu bringen, Exzellenz.
VILLAGE: Sie müssen mich anhören und umkehren. Oder wenigstens Ihre Eskorte verdoppeln, verdreifachen. Wir sind Ihnen unterwürfig ergeben, aber...
BOBO: *(unterwürfig)* Denn Sie sind schön und Sie riechen gut.
VERTU: *(lächelnd)* Und letztlich haben wir uns diese Inszenierung ausgedacht, um Ihrem Gefolge mit einigem Taktgefühl zwei Stühle anzubieten...
VILLAGE: ...denn ein Verbrechen hat es nicht gegeben, Madame.]
FÉLICITÉ: *(zu den Negern)* Schluß jetzt. Zieht euch zurück.

(Sie gibt ein Zeichen und alle Neger weichen auf die linke Bühnenhälfte zurück, dann weicht, auf ein Zeichen der Königin, der Hofstaat nach rechts aus. Die zwei Frauen stehen sich von Angesicht zu Angesicht gegenüber. Félicité macht dann ein oder zwei Runden über die Bühne, um die Königin zu provozieren, der sie mal in die Augen schaut, dann wieder den Rücken zuwendet.)

KÖNIGIN: *(zu Félicité)* Fang an.
FÉLICITÉ: Nein, du!
KÖNIGIN: *(sehr höflich, wie man es mit Tieferstehenden ist.)* Ich versichere dir, ich kann warten...
FÉLICITÉ: Gib zu, daß du unfähig bist, das erste Wort zu finden.
KÖNIGIN: Ich kann warten. Ich habe die Ewigkeit auf meiner Seite.
FÉLICITÉ: *(stemmt die Hände in die Hüften und explodiert)* Ach wirklich? Also gut, Dahomey! Dahomey! Neger, kommt und stärkt mir den Rücken. Und laßt euch nicht euer Verbrechen ablisten. *(Zur Königin)* Niemand wird die Kraft haben, es verleugnen zu können. Es wächst und wächst, meine Beste, wird größer, ergrünt, platzt auf zu Blütenkronen, verströmt Duft, und dieser schöne Baum ist ganz Afrika, du mein Verbrechen! Die Vögel nisten schon darin und auf seinen Zweigen ruht die Nacht.
KÖNIGIN: Jeden Abend und jede Sekunde überlassen Sie sich einem gegen mich, gegen die Meinen gerichteten, abge-

schmackten und unheilbringenden Ritual, ich weiß es. Der Blütenduft Ihres Baumes dringt bis in mein Land, und dieser Duft will mich überwältigen und zerstören.

FÉLICITÉ: *(der Königin direkt gegenüber stehend)* Du bist doch eine Ruine!

KÖNIGIN: Aber was für eine Ruine! Und unablässig meißele ich weiter an mir, zahne meine Ränder aus und arbeite weiter an meiner Ruinenform. Ewig. Es ist nicht die Zeit, die an mir nagt, nicht die Müdigkeit, die mich zur Selbstaufgabe veranlaßt, es ist der Tod, der mich ausmacht und der...

FÉLICITÉ: Wenn du ganz tot bist, wieso, ja wieso wirfst du mir dann vor, daß ich dich töte?

KÖNIGIN: Und wenn ich tot bin, warum tötest du mich dann unablässig, ermordest mich in meiner Farbe bis in alle Ewigkeit? Ist dir mein erhabener Leichnam, der sich allerdings noch bewegt — nicht genug? Mußt du die Leiche der Leiche haben?

(Die beiden Frauen kommen Seite an Seite und fast freundschaftlich auf das Publikum zu, bis ganz vorne an die Rampe.)

FÉLICITÉ: Ich will die Leiche des Schattens deiner Leiche. Du bist blaß, aber du sollst durchsichtig werden. Als Nebel, der über meine Länder streicht, sollst du dich gänzlich verflüchtigen. Meine Sonne...

KÖNIGIN: Und wenn von meinem Schatten auch nur ein Hauch übrigbleibt, oder nur der Hauch eines Hauchs, so würde er doch durch alle Öffnungen in eure Körper dringen und euch plagen...

FÉLICITÉ: Dann lassen wir einen Furz, und ihr seid wieder draußen.

KÖNIGIN: *(übertrieben)* Gouverneur! General! Bischof! Richter! Diener!

ALLE: *(dumpf und ohne sich zu bewegen)* Ich komme schon.

KÖNIGIN: Laßt sie alle über die Klinge springen.

FÉLICITÉ: Wenn ihr das Licht seid und wir demnach der Schatten, nun gut, solange da die Nacht ist, in die der Tag versinken muß...

KÖNIGIN: Ich werde euch ausrotten lassen.

FÉLICITÉ: *(ironisch)* Dumme Kuh, wie platt Sie aussehen werden ohne den Schatten, der Ihnen erst Relief verleiht.

KÖNIGIN: Aber...

FÉLICITÉ: *(im gleichen Ton)* Für heute abend nur, bis zum Ende des Schauspiels, lassen Sie uns doch am Leben, ja?
KÖNIGIN: *(zum Hofstaat gewandt)* Mein Gott, mein Gott, was sage ich ihr nur...
(Gouverneur, Richter, Missionar und Diener nähern sich ihr und ermutigen sie halblaut und hastig.)
MISSIONAR: Sprechen Sie von unseren Fürsorgemaßnahmen... Von unseren Schulen...
GOUVERNEUR: Zitieren Sie Stellen aus Bossuet...
KÖNIGIN: *(hat einen Einfall)* Sie werden nicht aus der Welt schaffen können, meine Beste, daß ich schöner war als Sie! Alle, die mich gekannt haben, werden es Ihnen bestätigen. Niemand ist je so besungen worden wie ich. Noch so umworben, noch so gefeiert. Noch so gerühmt. Ganze Heldenschwärme, junge und alte, sind für mich gestorben. Meine Equipagen waren weltberühmt. Beim Kaiserball hielt meine Schleppe ein afrikanischer Sklave. Und für mich hat man das Kreuz des Südens vom Himmel geholt. Sie lebten noch in tiefster Nacht, da...
FÉLICITÉ: Mehr noch als diese blitzgetroffene Nacht, die in Millionen Schwarze zerborsten in den Dschungel fiel, waren wir die Nacht in Person. Nicht jene Nacht, die aus der Abwesenheit des Lichts besteht, sondern die freigiebige und schreckliche Mutter Nacht, die das Licht und die Taten in sich birgt.
KÖNIGIN: *(wie in Panik, zum Hofstaat)* Na und? Was jetzt?
GOUVERNEUR: Sagen Sie, daß wir Gewehre haben, um sie zum Schweigen zu bringen...
MISSIONAR: Idiot. Nein, seien Sie freundlich... Kommen Sie ihnen mit Pater Foucault...
FELICITE: Sehen Sie sich unsere Gebärden an. Sie sind nur noch verstümmelt, als hätte man unseren geplünderten und verwüsteten, in Zeit und Müdigkeit versunkenen Riten die Arme abgehackt. Darum werdet ihr demnächst auch nur noch Gliederstümpfe in den Himmel und uns entgegen strecken können...
KÖNIGIN: *(zum Hofstaat)* Und jetzt? Was soll ich darauf antworten?
FÉLICITÉ: Schauen Sie! Schauen Sie, Madame! Hier ist sie schon, die Nacht, die Sie gefordert haben, und ihre Söhne nähern sich. Sie bilden für sie eine Eskorte aus Verbrechen. Für Sie war Schwarz die Farbe der Priester, Totengräber und Waisenkinder. Aber alles ändert sich. Alles, was sanft, gut, freundlich und zärtlich ist, wird schwarz sein. Die Milch

wird schwarz, der Zucker, der Reis, der Himmel, die Friedenstauben und die Hoffnung werden schwarz sein — auch die Oper übrigens, zu der wir Schwarze in schwarzen Rolls-Royces vorfahren werden; dort werden wir schwarze Könige feiern und uns unter Lüstern aus schwarzem Kristall eine schwarze Blechmusik anhören...

KÖNIGIN: Wart' nur ab, ich habe mein letztes Wort noch nicht gesprochen...

DIENER: *(ihr ins Ohr)* Singen Sie einen Psalm!

MISSIONAR: Was soll's! Zeigen Sie Ihre Beine!

FÉLICITÉ: Zwölf Stunden Nacht. Unsere barmherzige Mutter schützt uns in ihrem Haus, schließt uns in ihre Mauern. Zwölf Stunden Tag, damit diese Teile aus Finsternis der Sonne Zeremonien vorführen können, die mit denen von heute abend vergleichbar sind...

KÖNIGIN: *(sehr erregt)* Schwachsinn! Du siehst nur die Schönheit der Geschichte. Es ist sehr nett und sehr leicht, uns unter unseren Fenstern zu beleidigen und jeden Tag hundert neue Helden auf die Welt zu setzen, die dann Theater spielen...

FÉLICITÉ: Nicht lang, und du wirst erkennen, was sich hinter diesem Possenspiel verbirgt. Ihr seid doch erschöpft. Ihr alle. Eure Reise hat euch überanstrengt. Ihr fallt ja um vor Müdigkeit... Ihr träumt ja!

KÖNIGIN: *(Sie und Félicité sprechen jetzt wie zwei Frauen, die Haushaltsrezepte austauschen.)* Ja, das stimmt. Aber du, wirst du nicht auch bald müde werden? Und rechne nicht damit, daß ich dir Aufputschmittel nenne. Eure Kräuter werden da nicht ausreichen.

FÉLICITÉ: Ich möchte liebend gern tot umfallen vor Müdigkeit. Andere werden mir schon unter die Arme greifen.

KÖNIGIN: Und eure Neger? Eure Sklaven? Wo wollt ihr die hernehmen?... Man braucht sie nämlich, dringend...

FÉLICITÉ: *(schüchtern)* Könnten Sie nicht vielleicht... Ich meine, wir werden gute Schwarze sein...

KÖNIGIN: Oh, nein, auf keinen Fall. Gouvernante, ja, vielleicht, das will ich nicht ausschließen...

MISSIONAR: Allenfalls Hauslehrer... und eventuell noch...

FÉLICITÉ: Das wird hart werden, nicht wahr?

KÖNIGIN: *(kokett, versucht sie zu bezirzen)* Schrecklich. Aber ihr werdet stark sein. Und wir euch bezaubern. Wir werden sinnlich sein und vor euch tanzen, um euch zu verführen. Bedenkst du auch, was du dir vorgenommen hast? Eine langwierige Arbeit über Kontinente und Jahrhunderte hin, und am Ende hast du dir ein Grabmal gemeißelt, das vielleicht nicht so schön sein wird, wie meines... Also, läßt du mich weitermachen, ja? Nein? Siehst du nicht, wie müde du jetzt schon bist? Was willst du denn erreichen? Nein, nein, antworte nicht: deine Söhne sollen keine Ketten tragen? Ist es das? Sehr edel, sich darum zu sorgen, aber hör mir zu... hör mir gut zu... Deine Söhne kennst du doch noch gar nicht. Doch? Ihre Füße sind schon in Fesseln geschlagen? Ach so, deine Enkel? Die sind noch nicht geboren: es gibt sie also nicht. Du kannst dir also gar keine Sorgen um ihre Verhältnisse machen. Freiheit oder Sklaverei, was soll's, da sie noch gar nicht existieren. Also wirklich... Lächle doch ein bißchen!... Findest du meine Argumentation wirklich falsch? *(Alle Neger scheinen niedergeschlagen.)* Was meinen Sie, Messieurs? *(Die Königin wendet sich an die ihren.)* Habe ich etwa unrecht?

MISSIONAR: Sie sind die Weisheit selbst.

KÖNIGIN: *(zu Félicité)* Eure Enkel — die noch gar nicht existieren, wohlbemerkt — brauchen nichts zu tun. Uns dienen, natürlich, aber wir sind nicht anspruchsvoll — bedenke dagegen unsere Mühsal: Wir werden da sein müssen. Und strahlen.

(Pause.)

FÉLICITÉ: *(mit Sanftmut)* Und du bedenke die Fliegen aus unseren Sümpfen: Wenn sie mich in die Haut stechen, springt ein erwachsener Neger, schwer bewaffnet, aus jedem Geschwür...

MISSIONAR: *(zur Königin)* Ich habe es Ihnen ja gesagt, Madame: sie sind unverschämt, sarkastisch, rachsüchtig...

KÖNIGIN: *(weinend)* Aber was habe ich ihnen denn getan? Ich bin gütig, sanftmütig und schön!

MISSIONAR: *(zu den Negern)* Ihr Bösewichter! Da seht ihr, in welchen Zustand ihr die sanftmütigste, die beste und schönste aller Frauen zu bringen gewagt habt.

NEIGE: Die schönste aller Frauen?

MISSIONAR: *(verlegen)* Ich wollte sagen, die Schönste in unserem Land. Zeigt ein bißchen guten Willen. Schaut, wie sie sich zurechtgemacht hat, um euch zu besuchen, und bedenkt all das, was wir für euch getan haben. Wir haben euch getauft! Alle! Wieviel Wasser nötig war, um euch notzutaufen? Und das Salz? All das Salz auf euren Zungen? Die Tonnen von Salz, mühsam den Bergwerken entrissen. Aber ich rede und rede und muß gleich das Wort an den Herrn Gouverneur weitergeben, der es dann an den Herrn Richter weitergeben wird, also warum wollt ihr euch massakrieren lassen, anstatt zu erkennen...

RICHTER: Wer ist der Schuldige? *(Schweigen.)* Ihr antwortet nicht? Ich werde euch eine Brücke bauen, die letzte allerdings. Hört zu: uns ist es ganz gleichgültig, ob es der oder ein anderer war, der das Verbrechen beging, wir legen keinen Wert auf diesen oder jenen, denn Mensch ist Mensch und Neger ist Neger, und uns genügt es, ein paar Arme, ein paar Beine zu brechen, einen Hals in die Henkerschlinge zu stecken und unsere Gerechtigkeit ist glücklich. Also was ist, gebt eurem Herzen einen Stoß.
(Plötzlich hört man in der Kulisse eine, dann mehrere Knallkörper explodieren, und sieht auf dem schwarzen Samt der Dekoration sieht man den Widerschein eines Feuerwerks. Schließlich beruhigt sich alles. Die Neger, die hinter Félicité gehockt haben, stehen auf.)

VILLE DE SAINT-NAZAIRE: *(kommt nach vorne)* Hiermit gebe ich euch bekannt...
(Mit ein und derselben Bewegung und feierlich nimmt der Hofstaat seine Masken ab. Man sieht, wie fünf schwarze Gesichter erscheinen.)

VILLAGE: *(ängstlich)* Ist er tot?

VILLE DE SAINT-NAZAIRE: Er hat bezahlt. Wir werden uns an die Verantwortung gewöhnen müssen: mit eigener Hand die Verräter in unseren Reihen hinzurichten.

DER DIE ROLLE DES DIENERS GESPIELT HAT: *(streng)* Ist alles der Form nach abgelaufen?

VILLE DE SAINT-NAZAIRE: *(respektvoll)* Keine Angst. Nicht nur die Form, vielmehr der Geist der Gerechtigkeit ist zur Geltung gekommen.

DER DIE ROLLE DES MISSIONARS GESPIELT HAT: Und die Verteidigung?

VILLE DE SAINT-NAZAIRE: Makellos, wortgewandt. Aber sie vermochte die Geschworenen nicht umzustimmen. Und kaum war das Urteil gefällt, Exekution.
(Pause.)

DIE DIE ROLLE DER KÖNIGIN GESPIELT HAT: Und jetzt?

VILLE DE SAINT-NAZAIRE: Jetzt? Während ein Gericht denjenigen verurteilt hat, der gerade hingerichtet worden ist, hat ein Kongreß einem anderen einstimmig zugejubelt. Er ist schon unterwegs. Er wird dort unten den Kampf organisieren und weiterführen. Unser Ziel ist nicht nur, die Vorstellung, die wir nach ihrem Wunsch von ihnen haben sollen, zu unter-

graben und zu zersetzen. Wir müssen sie auch als Personen in Fleisch und Blut bekämpfen. Ihr wart hier nur als Possenreißer zur Ablenkung da. Hinter den Kulissen aber...
DER DIE ROLLE DES DIENERS GESPIELT HAT: *(trocken)* Das wissen wir. Wir haben durch unsere Arbeit hier dafür gesorgt, daß niemand merkt, was draußen vorgeht.
(Pause.)
DIE DIE ROLLE DER KÖNIGIN GESPIELT HAT: Und... Sie sagten, er ist schon unterwegs?
VILLE DE SAINT-NAZAIRE: Ja. Alles war für seine Abreise schon vorbereitet.
DIE DIE ROLLE DER KÖNIGIN GESPIELT HAT: Und... wie ist er so?
VILLE DE SAINT-NAZAIRE: *(lächelnd)* So, wie Sie ihn sich wünschen. Wie er sein muß, um durch Gerissenheit und Schlagkraft Furcht und Schrecken zu verbreiten.
ALLE: *(durcheinander sprechend)* Beschreib ihn!... Zeig uns einzelne Teile von ihm!... Laß uns sein Knie sehen, seine Kniekehle, seine Zehe!... Sein Auge! Seine Zähne!
VILLE DE SAINT-NAZAIRE: *(lachend)* Er ist unterwegs, laßt ihn ziehen. Unser ganzes Vertrauen ist mit ihm. Alles ist so organisiert und festgelegt, daß er auch aus der Ferne auf unsere Unterstützung rechnen kann.
DER DIE ROLLE DES GOUVERNEURS GESPIELT HAT: Und seine Stimme? Wie klingt seine Stimme?
VILLE DE SAINT-NAZAIRE: Tief. Ein wenig schmeichelnd. Er muß ja zuerst verführen und dann überzeugen. Ja, er ist auch ein Charmeur.
BOBO: *(mißtrauisch)* Aber... schwarz ist er doch wenigstens? Oder?
(Einen Moment sind alle perplex, dann brechen sie in Gelächter aus.)
DER DIE ROLLE DES MISSIONARS GESPIELT HAT: Wir müssen uns beeilen...
VILLAGE: Wollt ihr gehen?
DER DIE ROLLE DES GOUVERNEURS GESPIELT HAT: Alles wurde geplant, für jeden von uns. Wenn wir etwas erreichen wollen, dürfen wir keine Minute verlieren.
DIOUF: Und ich...
DER DIE ROLLE DES MISSIONARS GESPIELT HAT: *(ihn heftig unterbrechend)* Auch den anderen wird es schwer werden, vor allem in der ersten Zeit, die Lethargie aus einem ganzen Kontinent zu schütteln, der von Dünsten, Fliegen und Blütenstaub umfangen ist.

DIOUF: *(weinerlich)* Ich bin alt... Vielleicht wird man mich nicht mehr beachten... Und dann haben sie mich in ein so wunderhübsches Kleid gehüllt...

DER DIE ROLLE DES DIENERS GESPIELT HAT: *(streng)* Behalte es nur. Da sie es geschafft haben, dich dem Bilde anzugleichen, das sie sich von uns zu machen belieben, kannst du ruhig bei ihnen bleiben. Du würdest uns nur lästig fallen.

ARCHIBALD: *(zu dem Diener-Spieler)* Spielt er eigentlich noch, oder hat er das von sich aus gesagt? *(er zögert)* Schauspieler... Neger... Wenn sie töten wollen, entreißen sie sogar ihre Dolche. *(Zu Diouf)* Du bleibst also? *(Kurze Pause. Diouf senkt den Kopf.)* Also, bleib.

NEIGE: Ich muß jetzt gehen.

DER DIE ROLLE DES DIENERS GESPIELT HAT: Nicht, bevor wir die Vorstellung zu Ende gebracht haben.
(Zu Archibald) Geh wieder in deine Rolle.

ARCHIBALD: *(feierlich)* Da wir den Weißen weder die Teilnahme an einer Gerichtsverhandlung gestatten, noch ihnen ein Drama zeigen konnten, das sie nichts anzugehen hat, ja, da wir, um dieses zu verbergen, ein anderes, das einzige, das sie wirklich betrifft, entwerfen mußten, haben wir dieses Stück nun auch zu Ende zu führen und uns unserer Richter zu entledigen... *(Zur Königin-Spielerin)* Wie es im Text vorgesehen ist.

DIE DIE ROLLE DER KÖNIGIN GESPIELT HAT: Damit ihnen endlich klar wird, welches die einzigen dramatischen Verhältnisse sind, die mit ihnen einzugehen uns möglich ist. *(Zu den vier Schwarzen des Hofstaats)* Macht ihr mit?

DER DIE ROLLE DES RICHTERS GESPIELT HAT: Ja.

DIE DIE ROLLE DER KÖNIGIN GESPIELT HAT: Wir hatten uns mit einer Maske bedeckt, um das verabscheuungswürdige Leben der Weißen zu leben und um euch zugleich behilflich zu sein, in eurer Schande zu versinken, doch unsere Rolle als Schauspieler geht ihrem Ende entgegen.

ARCHIBALD: Wie weit sind Sie zu gehen bereit?

DER DIE ROLLE DES GOUVERNEURS GESPIELT HAT: Bis zum Tod.
Dabei ist eines sicher: jeder von uns wird für den Weißen, den er heute abend zu spielen hat, die treffendste und infamste Waffe zu wählen wissen.

VILLAGE: Aber... außer den Blumen haben wir nichts vorgesehen: weder Dolche, noch Gewehre, noch Galgen, noch Flüsse, noch Bajonette. Müssen wir euch erdrosseln, um euch loszuwerden, ja?

DIE DIE ROLLE DER KÖNIGIN GESPIELT HAT: Nicht der Mühe wert. Wir sind Schauspieler, also wird sich unser Massaker lyrisch-opernhaft gestalten. *(Zu den vier Schwarzen des Hofstaats)* Messieurs, Ihre Masken! *(Die Schwarzen setzen nacheinander wieder ihre Masken auf. Zu Archibald)* Und Sie brauchen uns nur noch das Stichwort zu geben. Sind Sie soweit?
ARCHIBALD: Fangt an.
KÖNIGIN: *(erhebt sich)* Herr Gouverneur, Sie haben das Wort.
FÉLICITÉ: Aber wir haben unser Rededuell noch nicht beendet, Madame. Lassen Sie sich doch nicht das Beste entgehen. Es gibt noch so viel gegen die Neger zu sagen.
KÖNIGIN: Ich habe eine Reise hinter mir, sie war lang, eure Hitze hier ist menschenfeindlich und ich gehe lieber nach Hause...
FÉLICITÉ: Sie werden trotzdem gleich zu hören bekommen, was es ab jetzt bedeutet, von weißer Farbe zu sein.
KÖNIGIN: Verlieren Sie nicht Ihre Zeit. Bevor Sie noch Ihre Rede beenden können, sind wir auf und davon.
FÉLICITÉ: Wenn wir euch gehen lassen!
KÖNIGIN: Ach, wie naiv Sie sind! Haben Sie denn noch nicht gemerkt, daß wir längst zum Tode unterwegs sind? Allein, von selbst und hinterlistig-glücklich gehen wir ihm entgegen.
FÉLICITÉ: Sie begehen also Selbstmord?
(Alle Neger lachen schallend, außer der Königin auch der Hofstaat, und zwar ein großes, befreites Lachen.)
KÖNIGIN: Wir haben den Tod gewählt, um euch den Stolz auf euren Triumph zu rauben, es sei denn, ihr wollt euch rühmen, ein Volk von Schatten besiegt zu haben.
FÉLICITÉ: Wir können euch jederzeit...
KÖNIGIN: *(mit viel Autorität)* Ruhe. Jetzt rede ich. Ich gebe hier die Befehle. *(Zum Gouverneur)* Ich sagte bereits, Sie haben das Wort, Herr Gouverneur.
GOUVERNEUR: Gewöhnlich wirft man unter solchen Umständen erst eine Münze...
KÖNIGIN: Keine Ausflüchte. Zeigen Sie diesen Barbaren, daß wir unsere Größe unserer eisernen Disziplin verdanken, und den Weißen, die uns zuschauen, daß wir ihrer Tränen würdig sind.
ARCHIBALD: Nein, nein, sterben Sie noch nicht. Herr Gouverneur, bleiben Sie! Wir möchten Sie so gerne töten, so gern zu weißem Mehl zermahlen, so gerne Seifenschaum aus Ihnen machen...
KÖNIGIN: Oh, oh! Ich habe euch schon verstanden! *(Zum Gouverneur)* Vorwärts, Gouverneur!

GOUVERNEUR: *(resigniert)* Also gut! Kolonialistisch gesprochen habe ich mich um mein Vaterland verdient gemacht. *(Er trinkt einen Schluck Rum.)* Ich habe tausend Beinamen erhalten, Beweis für die Wertschätzung meiner Königin und für die Heidenangst der Wilden. Ich sterbe also, doch von zehntausend Jünglingen, magerer als Pest und Lepra, emporgetragen, von Raserei und Zorn entrückt, wird das meine Apotheose sein.
(An dieser Stelle holt der Gouverneur, wie er es zu Beginn des Stücks getan hat, einen Zettel aus der Tasche und liest.)
Wenn ich jetzt falle, heimtückisch durchbohrt von euren Assagais, macht gut die Augen auf, denn ihr werdet meine Himmelfahrt erleben. Mein Leichnam liegt zwar zu Boden gestürzt, doch meine Seele und mein Leib entschweben in die Lüfte. Ihr werdet sie sehen und sterben vor Angst: dies ist das Mittel, das ich mir erwählt habe, um euch zu besiegen und die Erde von euren Schatten zu säubern. Erst werdet ihr bleich, ihr fallt zu Boden und dann seid ihr tot. Und ich groß. *(Er steckt seinen Zettel wieder in die Tasche.)* Ausgezeichnet! Grauenerregend! *(Pause)* Was? Ihr habt gesagt, ich zittere? Ihr wißt doch genau, das ist das ganz normale Militär-Zipperlein.
(Pause.)
Ach so, ihr sagt nichts. Ihr werft mir die zehntausend jungen Menschen vor, die meine Tanks ausradiert haben. Was ist dabei? Ein Kriegsmann sollte nicht in der Lage sein, ein paar heranwachsende Burschen Staub fressen zu lassen?...*(Er zittert immer stärker.)* ...Nein, ich zittere nicht immer stärker. Ich gebe meiner Truppe Alarmsignale. ...Ihr wollt mich doch nicht etwa ernstlich töten?... Doch?... Nein?...
Nun gut, sei's drum, zielt auf dieses unbezähmbare Herz. Ich sterbe kinderlos... Aber ich rechne damit, daß ihr soviel Ehre im Leib habt, meine blutbefleckte Uniform dem Armee-Museum zur Verfügung zu stellen. Legt an, Feuer!
(Village gibt einen Revolverschuß ab, aber kein Knall ist zu hören. Der Gouverneur fällt auf der Stelle tot um.)
ARCHIBALD: *(zeigt auf die Mitte der Szene)* Nein. Komm und stirb hier.
(Archibald bringt mit seinem Absatz eine kleine Kapsel zum Knallen, wie sie die Kinder zum Spielen benutzen. Der Gouverneur, der wieder aufgestanden war, geht zur Bühnenmitte und fällt um.)
GOUVERNEUR: Meine Leber zerbirst und mein Herz blutet aus.

DIE NEGER: *(brechen in Gelächter aus und imitieren alle im Chor den Hahnenschrei:)* Kikeriki!
ARCHIBALD: Ab in die Hölle! *(Zur Königin)* Der Nächste.
(Village und Vertu haben sich von der Gruppe, die die Neger bilden, gelöst und nähern sich linker Hand der Rampe. Vertu spielt die Kokette.)
VILLAGE: Und wenn ich wiederkomme, bringe ich dir Parfums mit...
VERTU: Und was noch?
VILLAGE: Walderdbeeren.
VERTU: Du bist dumm. Und wer soll die Walderdbeeren sammeln? Du vielleicht? Kniest du dich hin und suchst sie unter den Blättern...
VILLAGE: Ich will dir etwas Liebes tun, und du...
VERTU: Bin ich zu spröde? Ich möchte, daß du mir folgendes mitbringst...
(Ihr kokettes Spiel geht während der Tirade des Richters weiter.)
RICHTER: *(steht auf)* Ich habe verstanden. Ich werde mich keiner Eloquenz bedienen, ich weiß nur zu gut, wohin das führt. Nein, ich habe einen Gesetzestext vorbereitet, dessen erster Paragraph folgendermaßen lautet: Gesetz vom 18. Juli, Artikel 1. Gott ist tot. Von schwarzer Farbe zu sein, ist keine Sünde mehr: es wird hiermit zum Verbrechen erklärt...
ARCHIBALD: Wir werden Ihnen den Kopf abschneiden, aber scheibchenweise.
RICHTER: Sie haben nicht das Recht...
(Man hört eine Detonation.)
ARCHIBALD: Ab in die Hölle. *(Der Richter fällt langsam auf den Gouverneur. Als er fällt, schreien alle Neger im Chor.)*
DIE NEGER: Kikeriki!
ARCHIBALD: Der Nächste.
VERTU: *(zu Village. Beide stehen jetzt ganz links an der Rampe.)* Auch ich habe es lange Zeit nicht gewagt, dich zu lieben...
VILLAGE: Du liebst mich?
VERTU: Ich habe nach dir gehorcht. Ich hörte dich mit weit ausgreifenden Schritten herankommen. Ich lief zum Fenster, und hinter den Vorhängen versteckt sah ich dich vorbeigehen...
VILLAGE: *(zärtlich und schalkhaft)* Verlorene Liebesmüh: ich unempfindliches Mannsbild ging vorbei, ohne auch nur einen Blick zu riskieren... Aber in der Nacht gelang es mir, einen Lichtstrahl zwischen deinen Fensterläden zu erhaschen.

Zwischen Hemd und Haut habe ich ihn mit mir genommen.
VERTU: Und ich lag schon mit deinem Bild im Bett. Andere Mädchen bewahren das Bild ihres Liebsten im Herzen oder in ihren Augen, ich hatte deines zwischen den Zähnen. Ich biß hinein...
VILLAGE: Am Morgen zeigte ich dann voller Stolz die Spuren deiner Bisse in der Nacht.
VERTU: *(legt ihm eine Hand auf den Mund)* Sei still.
MISSIONAR: *(aufstehend)* In diese Hölle, die ich euch erst gebracht habe, wagt ihr mich jetzt hinabzustoßen? Lächerlich, meine Freunde. Die Hölle ist mir untertan. Sie öffnet oder schließt sich auf ein Zeichen meiner beringten Hand. Ich habe Ehegatten gesegnet, Negerlein getauft, Bataillone schwarzer Priester befehligt, und ich brachte euch die Botschaft von einem, der ans Kreuz geschlagen wurde. Nun verstehe ich euch so — denn da die Kirche alle Sprachen spricht, kann sie auch alle verstehen — daß ihr diesem Christus seine Farbe vorwerft. Laßt uns überlegen. Kaum war er geboren, da kam ein schwarzer Fürst, so etwas wie ein Hexer, um ihn anzubeten...
(Plötzlich unterbricht er sich. Er betrachtet die reglosen Neger. Offensichtlich hat er Angst. Außer sich)
Nein, nein, Messieurs, Messieurs, tun Sie das nicht. *(Er zittert immer stärker.)* Mesdames, Mesdames, ich bitte Sie! Das wäre doch zu schrecklich! Im Namen der Jungfrau im Himmel, intervenieren Sie bei Ihren Ehemännern, bei Ihren Brüdern, Ihren Liebhabern! Messieurs, Messieurs, nein, nein, das nicht! Überhaupt glaube ich gar nicht daran. Nein, ich glaube gar nicht daran. An die Hölle, die ich euch erst gebracht habe... Ich habe eure Hexer malträtiert — oh, Verzeihung! Nein, nicht Ihre Hexer, Messieurs, Ihre Thaumaturgen, Wundertäter, Ihre Priester, Ihre Geistlichkeit — ich habe mich lustig gemacht, ich habe gelästert, dafür muß ich bestraft werden, aber nicht so! Messieurs, Messieurs, ich bitte Sie... machen Sie die Geste nicht... sprechen Sie die Formel nicht aus... Nein, nein...
(Die Neger werden immer unbeweglicher, starrer, unzugänglicher. Plötzlich beruhigt sich der Missionar, er zittert nicht mehr, er atmet tiefer, scheint erleichtert, lächelt beinahe, und plötzlich macht er) Muh!...Muh!...
(Während er dauernd das Muhen einer Kuh von sich gibt, läuft der Missionar auf allen Vieren, tut so, als würde er Gras abrupfen, leckt den Negern die Füße, die ihrerseits zu-

rückgewichen sind, als hätte sie eine leichte Furcht gepackt.)
ARCHIBALD: Genug. Schluß jetzt. Ab in den Schlachthof!
(Der Missionar richtet sich auf und fällt auf den Gouverneur und den Richter.)
MISSIONAR: *(schreit im Falsett, bevor er fällt)* Kastriert! Ich bin kastriert! Ich halte hoch und hart und fest die Kanonisation!
ARCHIBALD: Der Nächste.
DIENER: *(steht zitternd auf)* Werden Sie mich schlagen? Ich kann körperlichen Schmerz nicht aushalten, wissen Sie, ich war nämlich Künstler. In gewissem Sinne war ich einer von Ihnen, auch ein Opfer des Generalgouverneurs und der Verfassungsorgane. Sie sagen, ich hätte sie hofiert? Ja und nein: ich war immer sehr respektlos. Sie haben mich ungleich mehr fasziniert, als diese Leute. Jedenfalls bin ich heute abend nicht mehr der, der ich gestern noch war, denn ich verstehe mich unter anderem auch auf Verrat. Wenn Sie wollen, könnte ich, ohne allerdings völlig in Ihr Lager überzuwechseln...
KÖNIGIN: *(zum Diener)* Sagen Sie ihnen wenigstens, daß ohne uns ihre Revolte gar keinen Sinn hätte — es gäbe sie nicht einmal...
DIENER: *(immer noch zitternd)* Sie wollen gar nichts mehr davon wissen. *(Zu den Negern)* Ich kann Ihnen Fabrikationsgeheimnisse mitbringen, Pläne, was Sie wollen...
(Die Neger klopfen mit den Füßen und klatschen mit den Händen, als ob sie ihn erschrecken wollten. Der Diener bringt sich in Sicherheit und fällt über den Haufen, der schon vom Gouverneur, dem Missionar und dem Richter gebildet worden ist. — In Roger Blins Inszenierung hat hier der Diener den Sterbenden Schwan getanzt. — Die Neger lachen ihr orchestriertes Lachen.)
ARCHIBALD: Ab in die Hölle.
KÖNIGIN: *(steht feierlich auf)* Also, seid ihr jetzt zufrieden? Hier bin ich, ganz allein.
(Eine Detonation.) Und tot. Geköpft wie meine berühmte Kusine. Auch ich werde in die Hölle fahren. Dorthinab treibe ich sie, meine Herde aus lauter Kadavern, die ihr unablässig tötet, so daß sie lebendig bleiben, und die ihr unablässig zum Leben erweckt, um sie dann wieder töten zu können. Nun müßt ihr wissen, daß wir uns nur euch gegenüber schuldig gemacht haben. Für euch war es also ein leichtes, mich in eine Allegorie umzuformen, aber ich habe gelebt, und gelitten, um zu diesem Bild zu werden... ja, ich habe sogar ge-

liebt... geliebt... *(Plötzlich wechselt sie den Ton und wendet sich an Archibald.)* Doch sagen Sie mir, Monsieur, dieser Neger dort *(sie zeigt auf Diouf)*, der Ihnen beim Töten einer Leiche als Hilfsrequisit gedient hat, und da gewöhnlich diese Leichen, einmal gestorben, in den Himmel kommen, um uns zu richten...
NEIGE: *(lachend)* Um dann auf schnellstem Wege wieder in die Hölle zu fahren!
KÖNIGIN: Da stimme ich Ihnen zu, Mademoiselle, aber sagen Sie mir wenigstens kurz vor meinem Tod, was aus dem da an unserem Hof geworden wäre? Mit welchem Titel hättet ihr ihn wohl ausgestattet, mit welchem Haß beladen? Welches Bild wäre er geworden, welches Symbol?
(Alle merken auf, selbst die toten Figuren, die in einem Haufen auf dem Boden liegen, heben den Kopf, um zuzuhören.)
GOUVERNEUR: *(auf dem Boden liegend)* Ja, was? Ein neuer Fürst? *(Die Neger scheinen ziemlich verdutzt.)*
DIOUF: *(mit sehr viel Sanftmut)* Halten Sie sich nicht zurück, Monsieur Archibald. An dem Punkt, an dem ich angelangt bin, kann ich alles anhören.
ARCHIBALD: *(nach einer Pause)* Die Sammlung wäre ohne die Mutter nicht komplett. *(Zu Diouf)* Ab morgen und bei allen kommenden Zeremonien übernehmen Sie die Darstellung der Wunderbaren Mutter der Helden, die in dem Glauben, uns zu töten, starben, zerfressen von unseren Ameisen und verschlungen von unserer Wut.
(Die Personen auf dem Boden stehen wieder auf und grüßen Diouf, der sie seinerseits grüßt, dann legen sie sich wieder auf einen Haufen und spielen Tod.)
DIOUF: *(zu den Toten)* Also komme ich jetzt herunter, um euch zu bestatten, denn so steht's im Text. *(Er verläßt den Balkon.)*
KÖNIGIN: *(zu Archibald, bewundernd)* Wie schön Sie hassen! *(Pause)* So habe ich geliebt. Und jetzt sterbe ich, muß ich gestehen, und ersticke an meiner Gier nach dem großen Neger, der mich tötet. Schwarze Nacktheit, du hast mich besiegt.
NEIGE: *(sanft, leise)* Sie müssen jetzt gehen, Madame. Sie verlieren all Ihr Blut und die Treppe zum Tode ist unermeßlich lang. Und hell wie der Tag. Bleich. Weiß. Und infernalisch.
KÖNIGIN: *(zu ihrem Hofstaat)* Aufstehen, los, hoch! *(Alle vier stehen auf.)* Kommt mit mir in die Hölle. Und benehmt euch anständig. *(Sie treibt sie vor sich her wie eine Herde.)*
ARCHIBALD: *(sie aufhaltend)* Einen Augenblick. Die Vorstellung

geht ihrem Ende zu und ihr werdet gleich verschwunden sein. Laßt mich vorher noch allen von euch danken, meine Kameraden. Ihr habt eure Rolle gut gespielt.
(Die fünf Neger nehmen die Masken ab und grüßen.)
Ihr habt viel Mut bewiesen, es ging aber auch nicht anders. Die Zeit ist noch nicht gekommen, Stücke nach großartigen Entwürfen zu präsentieren. Vielleicht aber hat doch der eine oder andere heraushören können, was sich hinter diesem Gebäude aus Nichts und Worten verbirgt. Wir sind das, was zu sein man von uns verlangt, und darin gehen wir absurderweise bis zum bittern Ende. Setzt zum Abgang wieder eure Masken auf, und dann soll man sie in die Hölle geleiten.
(Die fünf setzen wieder ihre Masken auf.)
KÖNIGIN: *(zu den Negern gewandt)* Adieu und viel Glück. Gutes Mädchen, ich wünsche dir, daß alles gut ausgeht für euch beide. Wir, ja wir haben lange Zeit gelebt, endlich begeben wir uns zur Ruhe. *(Auf eine ungeduldige Geste Félicités hin)* Wir gehen schon, wir gehen schon, aber seid euch immer dessen bewußt: wir liegen dort unter der Erde im Winterschlaf, wie die Larven oder die Maulwürfe, und wenn eines Tages...in zehntausend Jahren...

(Sie gehen nach rechts ab, währenddessen die Neger, außer Vertu und Village, langsam nach links abgehen. Die Bühne bleibt leer, bis auf Village und Vertu.)

VILLAGE: *(zu Vertu. Sie scheinen sich zu streiten.)* Aber kann ich nicht deine Hand zwischen meine Hände nehmen? Oder meinen Arm um deine Schulter legen — laß mich doch machen — oder dich in meine Arme drücken?
VERTU: *(zu Village)* Alle Männer sind wie du: sie imitieren. Kannst du nicht etwas anderes erfinden?
VILLAGE: Für dich könnte ich alles erfinden: frischere Früchte, frischere Worte, einen Schubkarren mit zwei Rädern, Orangen ohne Kerne, ein dreischläfriges Bett, eine Nadel, die nicht sticht, doch mit Liebesgesten ist das schwieriger... Also gut, wenn du Wert darauf legst...
VERTU: Ich werde dir helfen. Eines zumindest ist klar: deine Finger in meine langen blonden Haare wickeln kannst du nicht...
(Der schwarze Vorhang, der den Hintergrund der Bühne bildete, wird hochgezogen: alle Neger — auch die den Hofstaat gebildet und sich ihrer Masken entledigt haben — stehen um

einen mit einem weißen Tuch überspannten Katafalk, wie er bei Aufziehen des Vorhangs zu Beginn auf der Bühne stand. Die ersten Takte des Menuetts aus Don Giovanni. Sich bei den Händen haltend, bewegen sich Village und Vertu auf sie zu, dadurch wenden sie dem Publikum den Rücken zu. Der Vorhang schließt sich.)

Weitere Werke von
Jean Genet

ALLE DRAMEN
4i6 S., Lw. DM 38,--

Die Zofen, Unter Aufsicht, Der Balkon, Die Wände, Die Neger, 416 Seiten, Lw., Schutzumschlag von Horst Janssen

Unter den bedeutenden Dichtern der Moderne ist Jean Genet der wahrscheinlich einzige, der sich über die letzten drei Jahrzehnte hinweg eines ständig wachsenden Interesses erfreut, obwohl er den 5 Stücken seines dramatischen Oeuvres seit fast 20 Jahren kein neues Werk mehr hinzugefügt hat. Für diese sich stetig steigernde Wirkung gibt es eine einfache Erklärung: Seine Stücke dienen weder der Unterhaltung oder Zerstreuung, noch ist Genet jemals den rasch wechselnden modischen Strömungen der ,,Scene" gefolgt; vielmehr weist er dem Theater sowohl gegen die Ideologisierung, wie gegen die Kommerzialisierung wieder seine ursprüngliche Funktion zu: Die rituelle Bewältigung der Tragik der Existenz, — die stellvertretende Erlösung auf der Bühne, die in der Realität des Lebens nicht möglich ist.

NOTRE-DAME-DES FLEURS
Roman, 280 S., Pappbd. DM 18,--

Der erste Roman Genets — im Zuchthaus von Frejus entstanden — ist noch frei von Fesseln und Versuchungen literarischer Konventionen; die ungebrochene Kraft der Emotion bewirkt einen Reichtum unverbrauchter poetischer Bilder, der in der modernen Literatur seinesgleichen sucht. Wegen angeblicher Unzüchtigkeit unter Anklage gestellt, wurde der Freispruch durch das Landgericht Hamburg damit begründet, daß ,,die besondere Intensivierung des Schreckens, des Entsetzens und des Exzesses dem Schriftwerk einen kaum übertreffbaren Grad künstlerischer Größe und Reife geben".

MERLIN VERLAG, 2121 Gifkendorf Nr. 3, bei Lüneburg

Weitere Werke von
Jean Genet

BRIEFE AN ROGER BLIN — DER SEILTÄNZER
92 S., kart. DM 7,80

Genet entwickelt in seinen Briefen an den französischen Regisseur Roger Blin eine Theater-Theorie, die derjenigen von Bertolt Brecht entgegengesetzt ist. Will Brecht die gesellschaftliche Mobilisierung des Publikums, so ist das Ziel Genets die radikale Ästhetisierung des Theaters, das ,,unvergleichliche Fest''.
In dem Prosagedicht DER SEILTÄNZER faßt Genet zusammen, was das Publikum vom Künstler erwartet, und was der Künstler von sich selbst verlangen sollte: das Äußerste zu wagen um der Vollkommenheit willen.

TAGEBUCH EINES DIEBES
Roman, 280 S., Lw. DM 28,--

,,Das Tagebuch eines Diebes'' — schrieb Ruth Herrmann in der ZEIT, ,,ist dasjenige Buch Genets, das am ehesten den Zugang zu seinen wirklichen Absichten öffnet.'' Der Bericht seines Umherstreifens durch Europa ist ebenso nüchtern und hart, wie von geradezu inbrünstiger Verherrlichung des durchlittenen Elends.
Mit einem Vorwort von Max Bense.

EIN LIEBESGESANG
Mit 10 Zeichnungen von Arno Waldschmidt, bibliophile Broschur, 27 S., DM 24,--, 90 Vorzugsexemplare mit signierter und numerierter Originalradierung von Arno Waldschmidt DM 98,--

Klage und Hymne zugleich, verschmelzen diese Verse die unvereinbar scheinenden Gegensätze, deren widersprüchliche Vereinigung die Tragik der Existenz ausmacht: ,,Eine Entdeckung'' überschreibt Fritz J. Raddatz seine Rezension in der ZEIT und hebt hervor, daß die Zeichnungen Arno Waldschmidts die dem Liebesgedicht innewohnende Spannung ,,grandios interpretieren''.

MERLIN VERLAG, 2121 Gifkendorf Nr. 3, bei Lüneburg

© Jean Genet
© der Deutschen Übersetzung: MERLIN VERLAG Andreas Meyer Verlags gmbh & Co KG
Satz: Neuer Rheinischer Verlag, Frankfurt
Druck: Poeschel & Schulz Schomburgk, Eschwege
Einband: Klemme & Bleimund, Bielefeld
1. Auflage, 1983
ISBN 387536 1598